Mit allen deinen Geschöpfen

Altissimo onnipotente bon signore
tue so le laude la gloria e l'onore et onne benedictione
Ad te solo altissimo se konfano
et nullu homo ene dignu te mentovare

Laudato si mi signore con tucte le tue creature
spetialmente messor lo frate sole
lo qual' è iorno et allumini noi per loi
Et ellu è bellu e radiante con grande splendore
de te altissimo porta significatione

Laudato si mi signore per sora luna e le stelle
in celu l'ai formate clarite et pretiose et belle

Laudato si mi signore per frate vento
et per aere et nubilo et sereno et onne tempo
per lo quale a le tue creature dai sustentamento

Laudato si mi signore per sor aqua
la quale è molto utile et humile et pretiosa et casta

Laudato si mi signore per frate focu
per lo quale enn' allumini la nocte
ed ello è bello et iocundo et robustoso et forte

Laudato si mi signore per sora nostra matre terra
la quale ne sustenta et governa
et produce diversi fructi con coloriti flori et herba

Laudato si mi signore per quelli ke perdonano
per lo tuo amore et sostengo infirmitate et tribulatione
Beati quelli ke 'l sosterrano in pace
ka da te altissimo sirano incoronati

Laudato si mi signore per sora nostra morte corporale
da la quale nullu homo vivente po' skappare
Guai a quelli ke morrano ne le peccata mortali
beati quelli ke trovarà ne le tue sanctissime voluntati
ka la morte secunda nol farrà male

Laudate et benedicete mi signore
et rengratiate et serviateli cun grande humilitate

Mit allen deinen Geschöpfen

Der Sonnengesang des heiligen Franz von Assisi

Einführung von Bischof Wilhelm Egger

Fotos von Wim van der Kallen

Verlag St. Gabriel, Mödling — Wien

Wilhelm Egger, Dr., geboren am 14. Mai 1940 in Innsbruck. 1961 Feierliche Profeß im Kapuzinerorden, Priesterweihe 1965. Nach dem Theologiestudium am Päpstlichen Bibelinstitut Rom Professor für Exegese (Neues Testament) an der Universität Brixen, weiters Vorlesungen in Rom, Erfurt, Innsbruck. Als Kapuziner dem heiligen Franz von Assisi besonders verbunden, hat er sich intensiv mit dessen Leben und Werk befaßt und einschlägige Arbeiten darüber veröffentlicht. Am 31. August 1986 wurde Wilhelm Egger zum Bischof von Bozen-Brixen geweiht.

WILHELM EGGER · EINFÜHRUNG
Gepriesen seist du, mein Herr, mit allen deinen Geschöpfen.

Im Sonnengesang spricht ein Heiliger zu uns, der von der Größe Gottes zutiefst ergriffen ist und der sich als Bruder der Menschen und der Schöpfung weiß. Das „Loblied für die Geschöpfe" ist der Ausdruck der Verbundenheit des heiligen Franziskus mit Gott, Mensch und Schöpfung.

Franz von Assisi — Leitfigur für unsere Zeit

Wir Menschen, die an der Schwelle zum dritten Jahrtausend stehen, lesen den Sonnengesang mit einem Blick auf die Welt, in der wir leben. Wissenschaft und Forschung haben uns tiefe Einsichten in die Beschaffenheit der Welt und in die Gesetzmäßigkeiten, nach denen die Welt geordnet ist, vermittelt. Immer mehr wird uns die Weite des Kosmos und der wunderbare Aufbau der Welt aus kleinsten Bausteinen bewußt. Der Mensch wird immer mehr Herr der Welt und kann in ungeahntem Ausmaß in den Lauf der Dinge eingreifen. Allerdings: wer nicht ganz blind ist für die Entwicklungen unserer Zeit, stellt besorgt die Gefahr fest, die der ganzen Welt, dem Wasser, der Luft und der „Mutter Erde" droht. Das ökologische Gleichgewicht ist gestört; Flüsse und Meere sind immer mehr verschmutzt; atomare Abfälle belasten über Jahrhunderte die Umwelt; die Abgase der Industrie und des Massenverkehrs verunreinigen die Luft oft in lebensgefährlichem Ausmaß; Pflanzen- und Tierwelt werden ausgebeutet; Tausende von Tier- und Pflanzenarten sind am Verschwinden und vom Aussterben bedroht. Weite Flächen der Erde sind ausgelaugt, Wälder sind vom Sterben bedroht, die Wüsten dringen vor; Rohstoffe und Energievorräte werden ohne Sinn für sparsames Wirtschaften vergeudet. Die diesbezüglichen Probleme können unter vielen Gesichtspunkten betrachtet werden. Franz von Assisi (1181/82—1226) sieht die Welt unter religiösen Gesichtspunkten: er weiß sich geleitet vom Wort Gottes und führt ein „Leben nach der Form des Evangeliums". Ein aufmerksames Hören auf seine Botschaft, besonders den Sonnengesang, zeigt die Bedeutung dieses religiösen Gesichtspunktes auch in der Frage der Bewahrung der Schöpfung.

Die Tatsache, daß Johannes Paul II. Franz von Assisi zum Patron des Umweltschutzes erklärt hat (am 29. November 1979), ist auch für uns eine Einladung, in der Art des heiligen Franziskus die ganze Schöpfung in Gerechtigkeit und Frieden zu lieben.

Der Papst schreibt:

„Man zählt den heiligen Franziskus von Assisi mit Recht zu jenen berühmten Heiligen, die die Natur als ein wunderbares Geschenk Gottes an die Menschen geachtet haben. Jedes einzelne der Werke des Schöpfers verstand er zu würdigen. Er sang auch, von göttlichem Geist bewegt, jenes überaus schöne Lied der Geschöpfe, durch die er — vor allem durch Bruder Sonne, Schwester Mond und die Sterne des Himmels — dem höchsten, allmächtigen und guten Gott gebührend Lob, Ruhm, Ehre und allen Dank erwies. Kardinal Oddi, Präfekt der Kleruskongregation, hat im Namen der Internationalen Vereinigung ‚Planning environmental and ecologycal Institute for quality life' erbeten, daß der heilige Franziskus von Assisi zum Patron des Umweltschutzes ernannt werde. Wir proklamieren mit diesem Schreiben für alle Zeiten den heiligen Franziskus von Assisi als himmlischen Patron des Umweltschutzes."

Der heilige Franziskus selbst gibt uns einen Hinweis darauf, wie wir den Sonnengesang verstehen sollen. In einer Sammlung von Erinnerungen, die auf den Umkreis der ersten Anhänger des heiligen Franziskus zurückgeht, wird uns ein Wort des heiligen Franziskus überliefert.

„Franziskus sagt: Ich will zum Lob Gottes, zu meinem eigenen Trost und zur Erbauung des Nächsten ein neues Lob Gottes für seine Geschöpfe verfassen."

Lob Gottes im Leiden

Der Sonnengesang ist nicht Ausdruck einer romantischen Stimmung, etwa wenn jemand an einem wunderschönen Tag auf einen Berg gestiegen ist und die Natur betrachtet. Franziskus hat diesen Gesang in der Krankheit gedichtet. Der Text ist geradezu ein Kontrasttext zur Erfahrung des heiligen Franziskus. Aus den letzten Lebensjahren des Heiligen berichtet eine Sammlung von Erzählungen über Franziskus folgendes:

Der heilige Franziskus litt während langer Zeit — und dies bis zum Tag seines Hinscheidens — an einer Leber-, Milz- und Magenkrankheit. Von der Zeit an, da er in Übersee weilte, um dem Sultan von Babylon und Ägypten zu predigen, zog er sich eine schwerste Augenkrankheit zu wegen der großen Anstrengung und Ermüdung der Reise; denn bei der Hin- und Rückreise litt er unter großer Hitze. Diese Augenkrankheit, die er sich 1219/20 zugezogen hatte, verließ ihn nicht mehr. Im September 1224 hatte Franziskus auf dem Berg La Verna die Wundmale Christi empfangen. Damit war er auch äußerlich dem gekreuzigten Christus gleichförmig geworden, und die Wundmale verursachten ihm große Schmerzen. Kurz nach der Rückkehr von La Verna befiel ihn aufs neue die Augenentzündung mit großer Heftigkeit. Franziskus verweilte damals in

San Damiano, in der Wohnung jener Minderbrüder, die für die leiblichen und pastoralen Dienste der Armen Frauen der heiligen Klara bestimmt waren. Wegen der schmerzlich gesteigerten Lichtempfindlichkeit seiner Augen richteten die Brüder dem heiligen Franziskus in einem ihrer Räume eine dunkle Zelle aus Strohmatten her. Hier blieb er 50 Tage.

In dieser Krankheit, als er das Licht der Sonne nicht mehr ertragen konnte und auch nicht den Schein des Feuers, bat er Gott um Hilfe. Er hörte eine Stimme, die ihm sagte: „Bruder, sei glücklich und freue dich in deinen Krankheiten und Bedrängnissen. Lebe von nun an in Heiterkeit, als ob du schon in meinem Reich wärest." Am Morgen sagte Franziskus dann zu seinen Brüdern: „Ich will zum Lob Gottes, zu meiner Tröstung und zur Erbauung des Nächsten eine neue Lauda des Herrn (ein Lob des Herrn) für die Geschöpfe dichten." Franziskus sammelte sich und sagte dann: „Altissimo onnipotente bon Signore." Franziskus verfaßte für diesen Text auch die Melodie und lehrte sie seine Brüder.

Spielleute Gottes

Der heilige Franziskus wußte sich vom Anfang seiner Berufung an als Herold des großen Königs, der die Botschaft von Gott zu den Menschen bringen sollte. Auch der Sonnengesang gehört zu jenen Liedern, die Franziskus seinen Brüdern mitgab, damit sie als Spielleute Gottes durch die Welt ziehen sollten. Darüber berichten die Quellen. Franziskus rief den Bruder Pacificus, der in der Welt „König der Verse" genannt worden war, und wies ihm einige gute und geistliche Brüder zu, damit sie durch die Welt gehen, um zu predigen und Gott zu loben. Franziskus wollte, daß einer von ihnen, der gut predigen konnte, dem Volk eine Ansprache halte, dann sollten alle zusammen das Lob des Herrn singen wie Spielleute Gottes. Wenn das Lied zu Ende war, sollte der Prediger zum Volk sagen: „Wir sind Spielleute Gottes. Der Lohn, den wir dafür wünschen, ist dies, daß ihr in wahrer Buße lebt." Und er fügte bei: „Was sind Diener Gottes, wenn nicht Gottes Spielleute, die das Herz der Menschen rühren und zu geistlicher Freude erheben?"

Diesen Auftrag, Spielleute Gottes zu sein, gab Franziskus dann auch in einzelnen konkreten Fällen. Einmal bekämpften sich der Bischof und der Bürgermeister von Assisi. Jeder setzte die Mittel ein, die ihm zur Verfügung standen: Der Bischof untersagte durch das sogenannte Interdikt jeden öffentlichen Gottesdienst in der Stadt; der Bürgermeister verbot den Handel mit dem Bischof, um ihn zu schädigen. Nun dichtete Franziskus die Friedensstrophe des Sonnengesangs und sandte zwei Brüder. Diese sangen die Strophe vor dem Bischof und dem Bürgermeister, und die beiden versöhnten sich.

Dank für die Dinge des Alltags

Bei dieser Gelegenheit sagte Franziskus seinen Gefährten: „Wir gebrauchen die Dinge täglich und können ohne die Geschöpfe und die Dinge gar nicht leben. Und doch verletzt der Mensch gerade durch diese Dinge den Schöpfer sehr oft. Wir sind uns der großen Gnade nicht bewußt. Wir sind undankbar und loben den Geber und Schöpfer dieser Dinge zuwenig."

Durch diesen Dank für die Dinge des Alltags nimmt Franziskus freilich auch indirekt Stellung zum Problem „Gott und Schöpfung" in der damaligen Zeit. Die Bewegung der Katharer pflegte eine dualistische, leib- und naturfeindliche Weltbetrachtung. Auf diesem Hintergrund gewinnt der Sonnengesang erst seine volle historische Bedeutung. Er war geeignet, das Schöne und Gute auch der stofflichen Welt hervorzuheben und Gott als Schöpfer aller Kreaturen zu bekennen. Für Franziskus ist die Welt kein Machwerk des Teufels, sondern Makro- und Mikrokosmos strahlen die unermeßliche Güte, Allmacht und Schönheit Gottes wider. Freilich betreibt Franziskus, wie auch sonst, keine Polemik, sondern feiert einfach die Welt als Werk und Spiegel der Güte Gottes.

I DIE WELT ALS SCHÖPFUNG GOTTES SEHEN

Der Sonnengesang ist das Lob Gottes für die Geschöpfe. Dieses Lied ist wirklich Ausdruck eines Glaubens, der die Erde liebt. Im Sonnengesang deutet Franziskus die Dinge, denen er begegnet, aus der Sicht des Glaubens, und dankt dafür.

1 Die Geschöpfe als Sinnbild

Franziskus lobt Gott für die Geschöpfe, er lobt Gott als den Schöpfer. Im Sonnengesang ist für Franziskus jedes Geschöpf ein Hinweis auf Gott. Was Franziskus von der Sonne sagt: „Von dir, Höchster, (ist sie) ein Zeichen", gilt von allen Geschöpfen. Sie erinnern Franziskus an die Güte Gottes. In dieser Auffassung stimmt Franziskus mit jenen Gedanken überein, die sich in vielen biblischen Texten über die Schöpfung finden. Wenn der Mensch die Schöpfung betrachtet, dann sieht er, daß sie umspielt ist von der Weisheit und Herrlichkeit Gottes. Im Buch der Sprüche wird das in einem wunderbaren Bild ausgedrückt: Die Weisheit ist bei Gott und spielt vor Gott. Die ganze Schöpfung ist umspielt, umgeben von der Herrlichkeit Gottes, und der Mensch kann dessen Spuren finden.

„Der Herr hat mich geschaffen am Anfang seiner Wege,
vor seinen Werken in der Urzeit...;
Als er die Fundamente der Erde abmaß,
da war ich als geliebtes Kind bei ihm.
Ich war seine Freude Tag für Tag und spielte vor ihm allezeit.
Ich spielte auf seinem Erdenrund,
und meine Freude war es, bei den Menschen zu sein."
(Spr 8, 22. 30 f.)

Immer wieder haben biblische Autoren ihrer Freude an der Welt Ausdruck verliehen. Unter anderem geschah dies, indem Listen der Geschöpfe verfaßt wurden. So ist das erste Kapitel der Genesis eine Liste von Dingen, denen der Mensch begegnet und von denen er weiß, daß sie von Gott geschaffen sind und daß Gott sie gut gefunden hat. Auch der Lobgesang der drei jungen Männer im Feuerofen zählt die vielen Geschöpfe auf, die zum Lob Gottes aufgefordert werden:

„Preist den Herrn, Sonne und Mond;
lobt und rühmt ihn in Ewigkeit!
Preist den Herrn, ihr Sterne am Himmel;
lobt und rühmt ihn in Ewigkeit!
Preist den Herrn, aller Regen und Tau;
lobt und rühmt ihn in Ewigkeit!"
(Dan 3, 62—64)

Franziskus läßt es nicht bei einer Aufzählung der einzelnen Geschöpfe bewenden; er bleibt nicht an der Oberfläche, sondern sieht immer wieder das Geheimnis der Dinge. So dankt er für den Herrn Bruder Sonne, denn er ist der Tag und spendet das Licht. Franziskus lobt Gott für die Sonne, weil sie ihn mit ihrer Herrlichkeit und mit ihrer Kraft an Gott erinnert. Franziskus preist Gott für den Wind, die Luft und für jegliches Wetter, weil dadurch den Geschöpfen der Unterhalt geschenkt wird. Franziskus sieht das Wasser: „Es ist nützlich, demütig, kostbar und rein." Angesichts unserer heutigen Situation möchten wir fast sagen: solches Wasser möchten wir. Für Franziskus ist das Wasser geradezu ein Spiegel franziskanischer Existenz durch seine Demut und Uneigennützigkeit, es ist bescheiden, hingegossen und rein. Das Feuer ist für Franziskus, selbst wenn er es wegen seiner Krankheit nicht sehen kann, schön, liebenswürdig und kraftvoll und stark. Es erinnert ihn an die Kraft und Stärke Gottes.

Franziskus kommt auch auf negative Erscheinungen des Lebens zu sprechen: es gibt

Haß, Schwachheit, Drangsal, Bedrängnis. Franziskus sieht auch dies als Möglichkeiten für den Christen und für den Menschen, daß er um der Liebe willen verzeiht. Franziskus kann auch den Tod als Bruder (Schwester) bezeichnen, weil er den Tod als Tor zum ewigen Leben findet.

Dem heutigen Menschen, der vielfach Sorge um die Welt hat, zeigt Franziskus eine Dimension auf, die in der Diskussion nicht sehr oft erhoben wird: Die Welt ist Schöpfung und hat eine religiöse Dimension, die Welt ist das große Erinnerungszeichen an Gottes Wirken. Wie kann man diese religiöse Dimension der Welt entdecken? Auch für den Sonnengesang gilt, was ich in einer Auslegung des Schöpfungsberichtes einmal gelesen habe: „Anstelle einer langen Erklärung wäre das beste ein Spaziergang." Wenn man die Dinge aufmerksam anschaut und den Stimmen der Geschöpfe zuhört, dann ergibt sich ganz von selbst das Lob. Auch ein „Spaziergang" durch die Bilder dieses Bandes kann unsere Wahrnehmungsfähigkeit schärfen. Ein Buch erlaubt Konzentration und Sammlung und soll für uns eine Einladung sein, die verborgenen Dimensionen der Wirklichkeit zu entdecken.

Der heilige Franziskus macht uns auf eine Dimension aufmerksam, die uns oft entgeht. Der Umgang mit den Dingen füllt einen großen Teil unseres Tages aus. Gerade deswegen ist es so wichtig, daß wir die Dinge richtig sehen, daß wir nicht nur an der Oberfläche, in der Eigengesetzlichkeit und im Streß bleiben, den uns die Dinge auferlegen, sondern daß wir tiefer blicken, indem wir die Dinge, mit denen wir umgehen, als Hinweis auf Gott verstehen: so werden wir Menschen und Dinge als Geschöpfe Gottes verstehen. Die moderne Welt verführt uns oft dazu, daß wir uns nicht mehr dem natürlichen Rhythmus der Schöpfung überlassen. Die heutige Welt eröffnet uns so viele Möglichkeiten, und wir möchten möglichst viele Dinge erfassen und besitzen.

Wenn wir gerade jene Dinge, mit denen wir umzugehen haben, in einer tieferen Weise wahrnehmen, werden die Geschöpfe für uns ein Weg zu Gott.

2 Mit-geschöpflichkeit

Der Sonnengesang beruht auf einem klaren Bild von Gott und Mensch. Dies ist besonders deutlich ausgedrückt in der Einleitung und im Schluß des Sonnengesangs: Franziskus preist Gott als den erhabensten, den allmächtigen und guten Herrn. Da Gott so groß ist, ist der Mensch gar nicht würdig, ihn zu nennen. Nachdem er das Lob der Schöpfung gesungen hat, schließt Franziskus:

„Lobt und segnet meinen Herrn, dankt und dient ihm in großer Demut!"

Hier zeichnet Franziskus den Menschen, wie er vor Gott steht und stehen soll: daß er in Demut Gott als den Erhabensten anerkennt: daß er Gott als den Allmächtigen lobt und ihm dient; daß er Gott als den guten Herrn anerkennt, dem er dankt. Die Aussage des ersten und jene des letzten Verses im Sonnengesang bieten eine eindrucksvolle Gegenüberstellung: der große Gott und der kleine Mensch.

Was meint denn Franziskus mit dem „kleinen Menschen"? Für Franziskus ist der Mensch klein, wenn er sich besinnt auf das, was er ist; nämlich, daß er für alles, was er besitzt, Gott zu danken hat, und daß er das zurückgibt. „Die Dinge zurückgeben" ist ein ganz wichtiges Wort beim heiligen Franziskus. Er sagte einmal bei einer Versammlung der Brüder ein Wort für die Prediger und auch für jene, die andere unterweisen: Das Predigen und die Unterweisung kann man benützen, um für weiser gehalten zu werden als andere, um Reichtümer zu erwerben und diese den Verwandten und Freunden zu schenken. Andere streben danach, einzig die Worte zu wissen und sie anderen zu erklären. Hier sehen wir: der Mensch kann Dinge, die ihm von Gott geschenkt sind, schlecht benützen, indem er sich selber sucht und das eigene Wohl und das der Freunde und Verwandten. Richtig ist, sagt Franziskus, daß einer jeden Buchstaben, den er weiß und zu wissen trachtet, nicht dem eigenen Ich zuschreibt, sondern durch Wort und Beispiel Gott, dem höchsten Herrn, dem jegliches Gute gehört, zurückerstattet. Hier sieht man, was Franziskus mit dem Danken meint: Der Mensch soll einfach anerkennen, wie die Wirklichkeit ist, daß er nämlich alles von Gott erhalten hat und es Gott wieder zurückgibt.

In der Beschreibung der Dinge macht Franziskus immer wieder auf Beziehungen aufmerksam. Es bestehen Verwandtschaftsbeziehungen, die Geschöpfe sind Brüder und Schwestern des Menschen. Die Erde ist gleichzeitig Schwester und Mutter des Menschen. Es gibt auch die Beziehung Herr und Diener, denn Bruder Sonne ist Herr. Es bestehen Abhängigkeiten, etwa vom Wind und vom Wetter, durch welches den Geschöpfen der Unterhalt geschenkt wird.

Indem Franziskus auf diese vielfältigen Beziehungen zwischen den Geschöpfen, die einander Schwester, Bruder, Mutter, Herr sind, aufmerksam macht, macht er deutlich, daß das Verhältnis zwischen Mensch und Geschöpfen nicht nur bestimmt sein kann vom Verfügbaren und Machbaren. In unserer Zeit ist das Wort „Mitmenschlichkeit" zu einem wichtigen Wort geworden. Es macht aufmerksam auf die allen Menschen eigene gleiche Würde und auf die Verpflichtung zu gegenseitiger Hilfe. Die Charta der Menschenrechte der Vereinten Nationen ist der Ausdruck dieses Wissens um die Brüderlichkeit der Menschen. Der Sonnengesang des heiligen Franziskus ist Ausdruck einer Verpflichtung, die noch umfassender ist: das Bewußtsein vom gemeinsamen Ursprung der Welt als Gottes Schöpfung und die daraus entstehende Ehrfurcht und Verantwortung für Mensch und Schöpfung.

II GOTT LOBEN MIT ALLEN SEINEN GESCHÖPFEN

Im Sonnengesang legt der heilige Franziskus seine Auffassung über Gott und die Geschöpfe in der Form eines Gebetes vor, als eine Anrede an Gott. Franziskus wählt eine Sprechweise von besonderer persönlicher Eigenart, die unserer Beachtung wert ist. Es gibt viele Weisen, über die Welt und die Bedrohung der Umwelt zu sprechen: es gibt wissenschaftliche Berichte, vielfach von Kommissionen im interdisziplinären Gespräch erarbeitet; hier sei genannt die auf Weisung von Präsident Carter erarbeitete Studie „Global 2000 — Bericht an den Präsidenten (1980)" und „Unsere gemeinsame Zukunft. Der Brundtland-Bericht der Weltkommission für Umwelt und Entwicklung (1987)". Es gibt die Form des Appells und des Aufrufs zur Verantwortung, es gibt Vorschläge für Rechtsnormen, etwa jene, die die Weltkommission für Umwelt und Entwicklung erarbeitet hat. Es gibt Hirtenworte, etwa die Gemeinsame Erklärung des Rates der Evangelischen Kirche in Deutschland und der Deutschen Bischofskonferenz: Verantwortung wahrnehmen für die Schöpfung (1985).

Franziskus wählt als seine sprachliche Ausdrucksform die Form des Liedes. Seine Brüder tragen auf diese Weise die Botschaft zu den Menschen. Indem Franziskus den Sonnengesang in die Form des Lobliedes und Gebetes faßt, wird Franziskus der innersten Eigenart der Welt gerecht: er sieht sie als Schöpfung und bejaht ausdrücklich die Beziehungen zwischen Gott und Schöpfung. Der Sonnengesang leitet so an, die Welt als Schöpfung zu sehen, und unterweist auch über die rechte Form des Betens. Franziskus hat diese Form des Betens aus der Heiligen Schrift gelernt.

1 Biblische Gebetsweisen im Sonnengesang

Der heilige Franziskus fühlte sich persönlich sehr zum Gebet hingezogen. Trotzdem erkannte er es als Willen Gottes, daß er mit dem Gebet auch die Verkündigung und Predigt verbinden sollte. Die ältesten Quellen sagen, daß Franziskus geradezu zu einer Personifizierung des Gebetes geworden ist. Aus seinen Schriften läßt sich feststellen, wie er gebetet hat, auch wie er beten gelernt und wie er seine Gebetssprache entfaltet hat.

Als Kind und als Junge lernte Franziskus beten, indem er die Psalmen lernte. Die Psalmen waren im Mittelalter das Lesebuch, anhand dessen man lesen und schreiben lernte. In der Schule wurde eine Einführung in die Psalmen gegeben, weil sie nicht nur ein Schulbuch, sondern auch ein Gebetbuch waren. So war es für Franziskus selbstverständlich, daß er die Psalmen nahezu auswendig kannte. Damit hat der heilige Franziskus ein erstes Element gewonnen für seine Gebetssprache: wenn ihn etwas bewegt hat, dann ist ihm ganz von selbst ein Psalmenwort in den Sinn gekommen. So ist es nicht zu verwundern, daß Franziskus Psalmenworte zusammenstellte und so seine Gebete in Anlehnung an die Psalmen formulierte. Wir können sogar den Weg sehen, wie Franziskus seine eigene Gebetssprache gefunden hat.

Franziskus hat für eine Kapelle in Cesi di Terni in Umbrien ein Antependium (Teppich vor dem Altar) malen lassen. Er ließ einige Psalmverse aufschreiben und auch einige Geschöpfe zeichnen. Die Psalmverse hat er frei zusammengefügt, etwa: „Fürchtet den Herrn, gebt ihm die Ehre." Dann hat er Verse aus der Offenbarung des Johannes genommen: „Würdig ist der Herr, zu empfangen Lobpreis und Ehre." Das Antependium war für eine Marienkapelle bestimmt, auch das hat er im Antependium erwähnt: „Gegrüßt seist du, Maria, voll der Gnade." Mitten in dem Text wendet er sich an den Leser: „Alle, die ihr dies lest, lobpreist den Herrn." Die Leute sollen diesen Text lesen, ihn nachsprechen und so Gott loben.

Der Text lautet (es sind jeweils auch biblische Stellen angegeben, an die sich Franziskus anschließt):

„Fürchtet den Herrn und gebt ihm die Ehre" *(Offb 14, 7).*
Würdig ist der Herr, zu empfangen Lobpreis und Ehre *(vgl. Offb. 4, 11).*
Alle, die ihr den Herrn fürchtet, lobpreiset ihn *(vgl. Ps 21, 24).*
„Gegrüßet seist du Maria, voll der Gnade, der Herr ist mit dir" *(Lk 1, 28).*
Lobt ihn, Himmel und Erde *(vgl. Ps 68, 35).*
Lobt den Herrn, all ihr Flüsse *(vgl. Dan 3, 78).*
Lobpreiset den Herrn, ihr Kinder Gottes *(vgl. Dan 3, 82).*
„Dies ist der Tag, den der Herr gemacht hat, laßt uns jubeln und uns freuen an ihm" *(Ps 117, 24).* Alleluja, Alleluja, Alleluja!
„Du König Israels" *(Joh 12, 13)!*
„Jeglicher Geist lobe den Herrn" *(Ps 150, 6).*
„Lobt den Herrn, denn er ist gut" *(Ps 146, 1);* alle, die ihr dies lest, „lobpreiset den Herrn" *(Ps 102, 21).*
Alle Geschöpfe, lobpreiset den Herrn *(vgl. Ps 102, 22).*
„Alle Vögel des Himmels", lobt den Herrn *(vgl. Dan 3, 80; Ps 148, 7—10).*
Alle Kinder, lobt den Herrn *(vgl. Ps 112, 1).*
Jünglinge und Jungfrauen, lobt den Herrn *(vgl. Ps 148, 12).*
„Würdig ist das Lamm, das geschlachtet ist", zu empfangen Lob, Herrlichkeit und Ehre *(vgl. Offb 5, 12).*
„Gepriesen sei die heilige Dreifaltigkeit und ungeteilte Einheit."
„Heiliger Erzengel Michael, verteidige uns im Kampfe."

An diesem Text sehen wir, wie der heilige Franziskus seine Gebetsweise entfaltet: er stellt bestimmte Bibelstellen zusammen, die ausdrücken, was ihm wichtig ist. Behilflich ist ihm dabei, daß er die Psalmen auswendig kann. So kann er schon mit ganz einfachen Mitteln ein Gebet zusammenstellen, indem er biblische Psalmverse auswählt, sie aneinanderreiht und so eine Liste bildet. Allerdings: Franziskus setzt immer schon einige persönliche Akzente. Franziskus fügt in seine Gebete sehr oft das Wort „alle" ein, selbst dort, wo es sich im biblischen Text nicht findet. Auf diese Weise drückt Franziskus aus, daß er sich der ganzen Schöpfung verbunden weiß, und alle sind aufgefordert zum Lob.

Franziskus hat noch ein zweites Gebet in ähnlicher Weise verfaßt, und zwar als eine Einleitung für das tägliche Stundengebet. Dieses Einleitungsgebet dient, daß der Beter sich sammle für das, was er tut, und Franziskus stellt ihm drei Themen vor Augen. Zunächst fügt der heilige Franziskus aus dem Propheten Jesaja das Wort an: „Heilig, heilig, heilig ist der Herr." Der Beter soll nämlich daran denken, daß er sich beim Stundengebet in die Gegenwart Gottes versetzt und an der himmlischen Liturgie teilnimmt. Dies ist die richtige Einstimmung zum Stundengebet. Im zweiten Teil dieses Gebetes lädt dann Franziskus die ganze Schöpfung zum Lob ein: „Preist den Herrn, alle Werke des Herrn! Lobpreist unsern Gott, ihr seine Diener alle!" Franziskus weiß sich mit der ganzen Schöpfung verbunden, und so verrichtet er das Stundengebet in Verbindung mit der ganzen Kirche und mit der ganzen Schöpfung. Der Beter wird so zum Mund der Schöpfung, und die Geschöpfe, die selbst nicht sprechen können, bringen durch den Beter ihr Lob Gottes dar. Als dritten Teil dieses Vorbereitungsgebetes zum Stundengebet hat der heilige Franziskus ein Gebet verfaßt, in dem er Gott allen Dank erweist.

Aus diesen Gebeten wird ersichtlich, wie Franziskus seine Sprechweise gelernt hat. Er hat aus der Bibel die rechten Worte übernommen und konnte mit der Zeit seine eigenen Anliegen formulieren. Ein Endpunkt dieser Entwicklung des Lernens anhand der Heiligen Schrift ist der Sonnengesang. Wer die Heilige Schrift kennt, merkt, daß dem Sonnengesang biblische Modelle zugrunde liegen, nämlich der Lobgesang der drei Jünglinge im Feuerofen (Dan 3) und auch bestimmte Texte aus der Offenbarung des Johannes. Der heilige Franziskus hat sich diese biblischen Texte innerlich so angeeignet, daß er nun diesen neuen, wunderbaren Gesang dichten kann.

2 Einladung zum Lob Gottes und zum Gebet

Die Schöpfung wird für Franziskus zum Thema des Gebetes, gerade weil es sich um „Alltägliches" handelt. Täglich genießen wir die Gaben Gottes und vergessen oft den Geber. Franziskus richtet diese Einladung zum Gebet an alle, die sein Wort hören. Auf dem Antependium in Cesi hatte er schon dazu aufgefordert, daß alle, die dies lesen, Gott loben. Wenn er seine Brüder mit dem Sonnengesang in die Welt schickt, ist das eine Einladung für die Menschen, Gott zu loben.

III SCHÖPFUNGSGEMÄSS HANDELN

Bei vielen Menschen unserer Zeit wächst das Bewußtsein: „Die Zeit drängt" (so der Titel der Schrift von Carl Friedrich von Weizsäcker). Die Einsicht in die Bedrohung der Schöpfung und die Besinnung auf die biblischen Aussagen über Schöpfung und Erlösung weisen auf die Notwendigkeit eines neuen Handelns hin. Vielfach werden Tugenden genannt, die helfen, die Schöpfung zu bewahren. Aus dem Sonnengesang und aus dem Leben des heiligen Franziskus werden einige solcher Verhaltensweisen sichtbar, die auch heute — mehr als 800 Jahre nach Franziskus — äußerst aktuell sind. Für diese Tugenden kennt Franziskus Modelle. Es sind dies, der Eigenart des Heiligen entsprechend, religiöse Modelle, wie sie die Heilige Schrift vorlegt.

1 Neue Tugenden

Wir lassen uns dabei von den letzten Worten des Sonnengesangs führen. Franziskus richtet hier einige Aufforderungen an den Hörer des Liedes: er ruft zu Lob, Dankbarkeit und Demut auf. So wird der Sonnengesang zu einer Einladung zum Lob Gottes für die Schöpfung, aber auch zur Einladung, unser Leben schöpfungsgemäß zu gestalten.

Kosmisches Denken

Durch die Kommunikationsmittel ist die Welt heute zusammengerückt, und so ist bei vielen Menschen ein Bewußtsein für den Zusammenhang der Welt entstanden. Viele Menschen sind sich auch bewußt, daß die Welt zerstörbar und nicht unerschöpflich ist. Der Mensch hat die Möglichkeit weitreichender Eingriffe in die Natur. Der heilige Franziskus mußte sich diesen Problemen der heutigen Welt nicht stellen, aber doch ist bei ihm ein außerordentliches Bewußtsein von der Einheit und Zusammengehörigkeit der Welt. Immer wieder ist ein universaler Grundzug in seinem Denken und Sprechen zu bemerken. Er weiß sich mit der ganzen Schöpfung verbunden. Dieses kosmische Denken beruht bei Franziskus auf seinem Glauben von Gott als dem Schöpfer der Welt.

Für Franziskus ist in diesem Wort ein zentraler Inhalt seines Lebens genannt. Die ältesten Biographien berichten, daß Franziskus seine Gemeinschaft auf das Fundament der Demut gründen wollte. Er bezeichnet seine Brüder als die „minderen", also als die „kleineren".

Für Franziskus bedeutet „Demut" das Wissen um die eigene Herkunft und um die Grenzen des eigenen Könnens. Eine schöne Geschichte in den Fioretti, einer Legendensammlung um Franz von Assisi, faßt dies so zusammen: Einmal fragte Bruder Masseo den Heiligen: „Warum zu dir, warum zu dir, warum zu dir? Du bist nicht schön, du bist kein Edelmann, du bist kein Gelehrter, und doch laufen alle Menschen hinter dir her und kommen zu dir." Franziskus antwortet ihm: „Willst du wissen, warum alle Welt hinter mir herläuft? Gott hat unter den Sündern keinen gefunden, der so gering und unvermögend und ein größerer Sünder ist als ich; so hat er mich auserwählt, um zu zeigen, daß alles Gute von ihm stammt." Dieses Bewußtsein der Größe Gottes zeigt sich auch in der Vorliebe des Heiligen für die Aussage: „Höchster Gott, du alles Gut, höchstes Gut, der du allein der gute bist" (vgl. Lk 18, 19). Die rechte Haltung diesem Gott gegenüber ist jene, daß jemand alles, was er erhalten hat, Gott zurückerstattet. In einer Mahnung auf dem Generalkapitel seines Ordens sagt Franziskus: „Jene sind vom Geist Gottes zum Leben erweckt, die alles, was sie wissen und zu wissen trachten, nicht dem eigenen Ich zuschreiben, sondern es durch Wort und Beispiel Gott, dem höchsten Herrn, zurückerstatten, dem jegliches Gute gehört" (frei nach der siebten Ermahnung des heiligen Franziskus).

Ehrfurcht

In vielen Veröffentlichungen zur Umweltproblematik wird als eine ganz moderne und notwendige Tugend die „Ehrfurcht" genannt. Eine Reihe von Erzählungen berichten, wie ehrfürchtig Franziskus mit der Schöpfung umging. Die ersten Gefährten, die nach eigener Aussage mit Franziskus gelebt haben, berichten: „Einmal hatten die Kleider des Franziskus, ohne daß er es merkte, Feuer gefangen. Er spürte die Hitze, und der Gefährte lief, um das Feuer zu löschen. Der Heilige sagte zu ihm: ‚Lieber Bruder, füg dem Bruder Feuer nichts Böses zu.' Und er erlaubte nicht, das Feuer zu löschen. Der andere Bruder lief schnell zum Oberen, und auf sein Geheiß wurde, gegen den Willen des Franziskus, das Feuer gelöscht. Er wollte nie, daß man eine Kerze, eine Lampe oder das Feuer löschte, wie man es zu tun pflegt, wenn es notwendig ist. So groß war seine Liebe und

Zuneigung für dieses Geschöpf. Auch wollte er nicht, daß ein Bruder das Feuer oder die brennenden Holzscheite wegwirft, wie man es zu tun pflegt. Er empfahl, sie behutsam auf die Erde zu legen — aus Ehrfurcht vor dem, der das Feuer geschaffen hat" (frei nach Legenda Perusina 49). Eine andere Erzählung bietet uns der älteste Biograph des Heiligen, Thomas von Celano: „Die Liebe des Heiligen umfaßte mit einem brüderlichen Herzen nicht nur die Notleidenden, sondern auch die Tiere, die nicht reden können: die Kriechtiere, die Vögel, alle Geschöpfe. Er hatte eine besondere Liebe zu den Lämmern, denn in der Heiligen Schrift wird Jesus Christus oft und zu Recht wegen seiner Demut mit einem milden Lamm verglichen."

Neben dem Sonnengesang gibt es noch eine Reihe von Erzählungen über den welt- und umweltliebenden Franziskus. Sie zeugen von einem mit Gott und der Schöpfung verbundenen Herzen. In der zweiten Biographie des Thomas von Celano findet sich ein ganzes Kapitel mit Erzählungen über Franziskus und die Geschöpfe: Wenn die Brüder Holz brauchen, soll nicht der ganze Baum gefällt werden, so daß aus dem Stumpf neue Zweige sprießen können; die Ränder des Gartens sollen nicht bebaut werden, damit Gras und Blumen wachsen können; Franziskus hebt auf den Straßen Würmer auf, damit sie nicht zertreten werden; Franziskus predigt den Vögeln und ermuntert sie zum Lobe Gottes. — Solche Ehrfurcht ist in einer Welt, in der die Menschen das Gleichgewicht der Natur und die natürlichen Wirkungszusammenhänge viel stärker stören können als je zuvor, um so notwendiger.

Verzichten können

Die Gefährdung der Umwelt geht zum Teil auf menschliche Selbstsucht zurück. Um den verschwenderischen und zerstörerischen Umgang mit der Schöpfung aufzuhalten, wird heute vielfach zu Konsumaskese und Selbstbeschränkung aufgerufen. Gemeint ist damit „ein schonend zurückhaltender Umgang mit der natürlichen Umwelt und ihren Ressourcen, damit das ökologische System dieser unserer Erde eine Überlebenschance hat" (M. Rock). Franziskus hat gegenüber dem Habenwollen seiner Zeit (das er selbst in seinem Vater verkörpert sah) eine Grundentscheidung getroffen für armes Leben in der Nachfolge Jesu. Die bedingungslose Armut, das Nicht-haben-Wollen, hat Franziskus nicht zu einem Weltverächter gemacht, sondern ihn dazu geführt, die Welt ohne Eigennutz und ohne Habsucht zu lieben. In Franziskus wird geradezu die Versöhnung zwischen Menschen und Schöpfung sichtbar. Obwohl Franziskus als Pilger und Fremdling in dieser Welt leben sollte, wie er selber sagt, wurde ihm — gerade durch diesen alternativen Lebensstil — die Welt zu einem Ort geschwisterlicher Verbundenheit.

2 Modelle christlichen Verhaltens

So wie Franziskus mit biblischen Augen die Welt als Schöpfung sieht und seine Gebetsweise aus der Bibel gelernt hat, so schließt er sich auch in seinem Verhalten biblischen Modellen an.

Im Anschluß an das Stichwort, das Franziskus am Ende des Sonnengesangs gibt, „Dient ihm in großer Demut", sei hier vor allem auf jene Modelle hingewiesen, an denen Franziskus die Demut lernt.

Zunächst verweist Franziskus auf das Beispiel der Demut Christi, wie er es vor allem in der Eucharistie sieht. In einer Mahnung an seine Brüder schreibt Franziskus: „Seht doch, täglich erniedrigt sich Christus, wie er einst vom königlichen Thron herab in den Schoß der Jungfrau kam" (erste Ermahnung). Franziskus kann, im Brief an den Orden, nur staunend sagen:

„O bewunderungswürdige Größe
des Sohnes Gottes.
Bestaunenswerte Gunst,
o erhabene Demut,
o demütige Erhabenheit."

Dieser Demut Gottes, die sich vor allem in der Eucharistie zeigt, soll die Demut der Brüder entsprechen. Die Eucharistiefeier ist die Feier, in der Gott sich demütigt und in der auch die Brüder sich demütigen sollen:

„Behaltet nichts von euch zurück, damit euch ganz aufnehme, der sich euch ganz ausgeliefert hat."

Eine zweite Schule des Lernens ist die Armut und Demut Christi. „Armut und Demut" sind für den heiligen Franziskus eine feste Formel geworden, in der er zusammenfaßt, wie er sich das Leben der Minderen Brüder und der Armen Frauen vorstellt. Franziskus meint damit das biblische Modell des wandernden Jesus, der unter den ärmsten Bedingungen lebt, der ohne den Schutz der Großfamilie und des Besitzes ist, der den Frieden verkündet und der nicht als Herr auftritt. Jesus verwirklicht sein Anliegen mit einer Methode, die diesem Anliegen entspricht. Er verkündet den Armen eine frohe Botschaft, er verkündet den Frieden und tut es in beispielhafter Weise. Jesus wählt die Armut, weil den Armen eine frohe Botschaft verkündet wird; er wählt den Weg des Gewaltverzichts, weil er den Frieden verkünden will, und zum Frieden kann man niemanden zwingen. Diese Lebensweise Jesu als Wanderleben und Wirken unter ärmsten Bedingungen faßt Franziskus zusammen mit dem Ausdruck „Armut und Demut Christi".

3 Die Sendung des heiligen Franziskus für die Welt

Franziskus stellt sich in seinen Briefen, etwa im zweiten Brief an die Gläubigen, als „Bruder, Knecht und Untertan" vor. Er sieht sich verpflichtet, „allen zu dienen und ihnen die wohlduftenden Worte meines Herrn zu vermitteln". Aus seinen Briefen spricht ein großes Selbst- und Sendungsbewußtsein für die ganze Welt. Deshalb schreibt er auch Briefe an die Kleriker, an alle Bürgermeister und Konsuln, Richter und Statthalter auf der ganzen Welt sowie allgemein gehaltene Briefe an die Gläubigen. Durch sein Wirken trägt er zur Erneuerung und zum Aufbau der Kirche in seiner Zeit bei. Trotz der 800 Jahre, die unsere Zeit von der des heiligen Franziskus trennen, sind einige der Impulse, die Franziskus für seine Zeit gegeben hat, aktuell wie nie. Die Motivierungen, die Franziskus für neue Tugenden und ein neues Verhalten gibt, stammen aus dem Evangelium und können Motivierungen sein, die tiefer beeinflussen als Angst oder der Zwang auf Grund notwendiger gesetzlicher Regelungen. Franziskus hat schon für seine Zeit einige Optionen vorgenommen, die auch für unsere Zeit und für unsere Kirche entscheidend sind. Er hat, dem Evangelium gemäß, den Frieden verkündet und sich an die Methode der Gewaltlosigkeit gehalten. Sein Leben in Armut ist eine Entscheidung für die Nachfolge Jesu und ein Zeichen der Solidarität mit den Armen und Notleidenden. Er trägt in der Ordensregel seinen Brüdern auf: „Sie müssen sich freuen, wenn sie mit gewöhnlichen und verachteten Leuten verkehren, mit Armen und Schwachen und Aussätzigen und Bettlern am Wege, und sie dürfen sich nicht schämen und sollen mehr daran denken, daß unser Herr Jesus Christus, der Sohn des lebendigen Gottes, des Allmächtigen, sich nicht geschämt hat, und er ist arm gewesen und ein Fremdling und hat von Almosen gelebt, er selbst und die selige Jungfrau und seine Jünger." Der Sonnengesang, in dem sich die Ehrfurcht des heiligen Franziskus vor Gott und den Geschöpfen ausdrückt, und das Verhalten des Heiligen sind eine Option für die Bewahrung der Schöpfung.

Höchster allmächtiger guter Herr
Dir sei das Lied die Herrlichkeit die Ehre
und aller Segen
Dir allein Höchster kommen sie zu
Kein Mensch ist würdig dich zu nennen

Lob sei dir mein Herr mit allen deinen Geschöpfen
vor allem mit dem Herrn Bruder Sonne
Er bringt uns den Tag
und spendet uns Licht
Schön ist er und strahlend mit großem Glanz
Von dir Höchster ein Zeichen

Lob sei dir mein Herr durch Schwester Mond
und die Sterne
Am Himmel formtest du sie
glänzend kostbar und schön

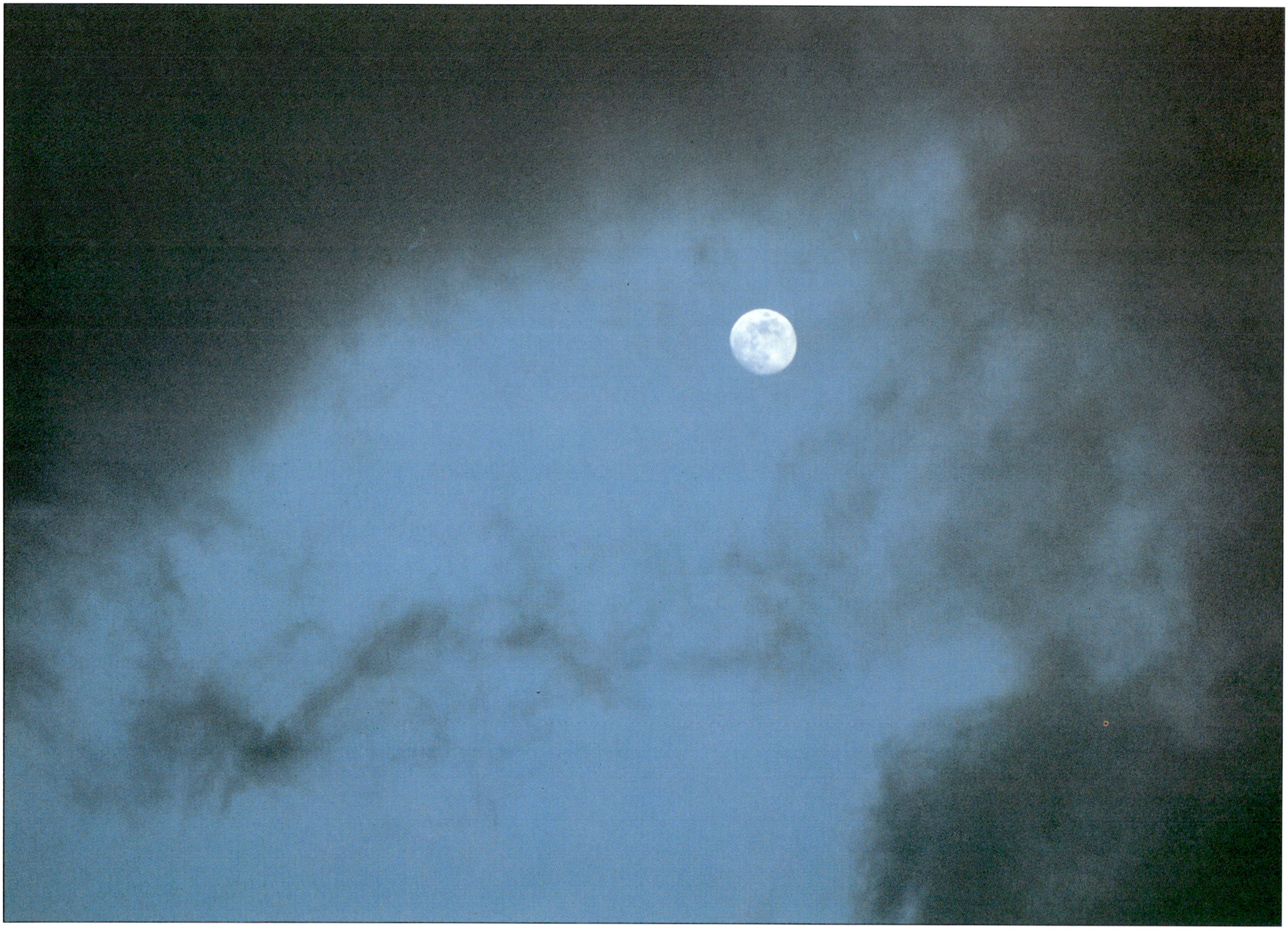

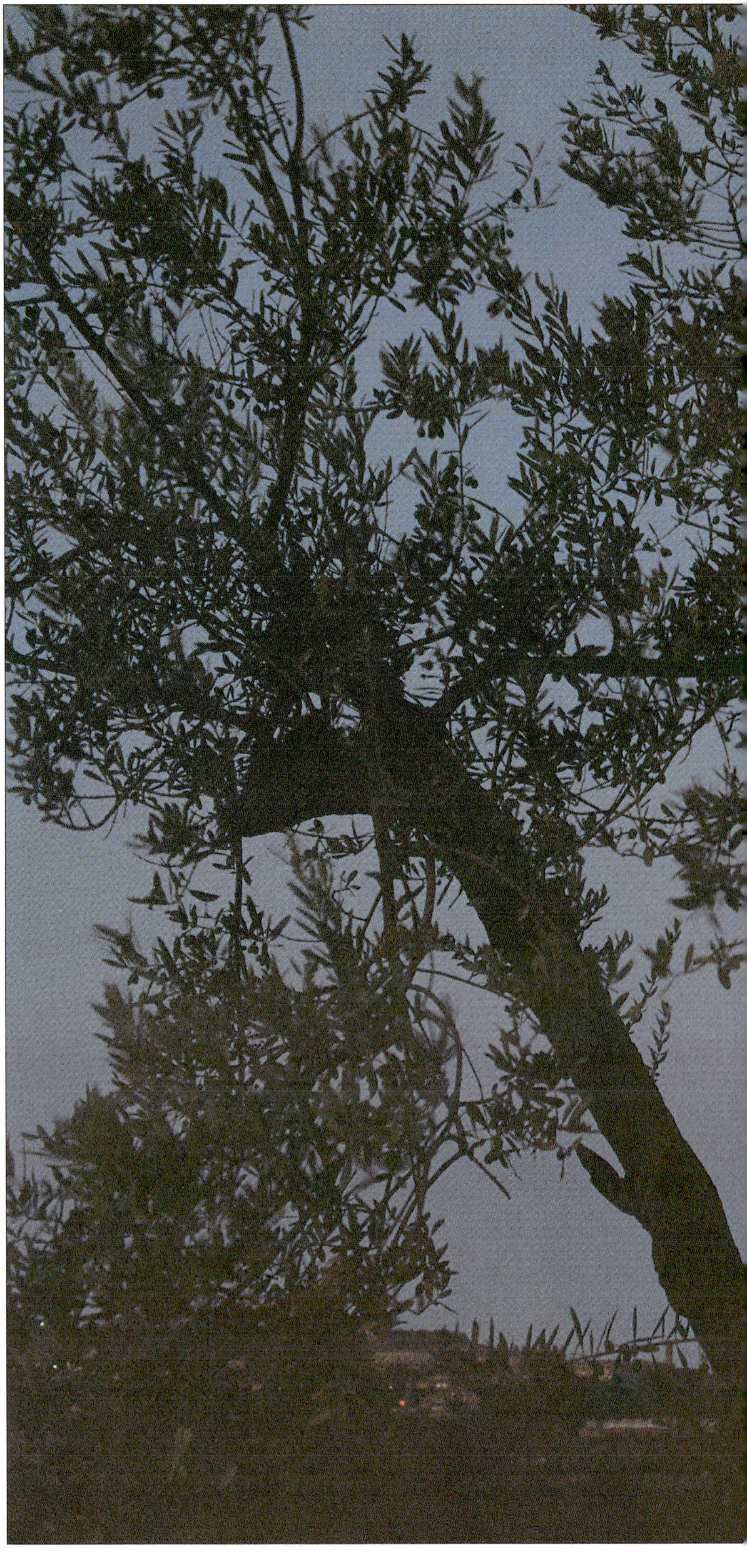

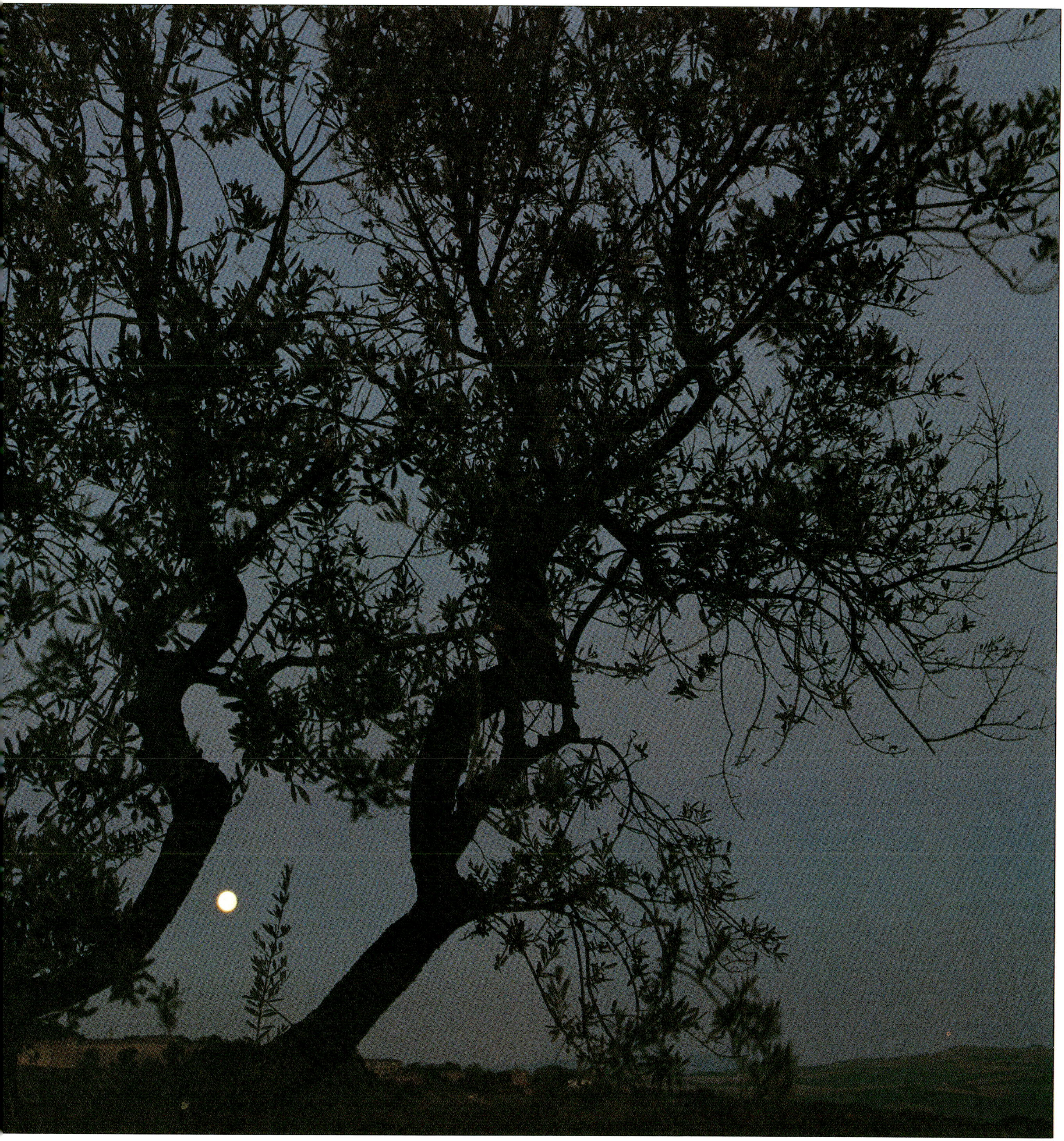

Lob sei dir mein Herr durch Bruder Wind
durch Luft und Wolken
durch heiteres und jegliches Wetter
Durch sie gibst du deiner Schöpfung Leben

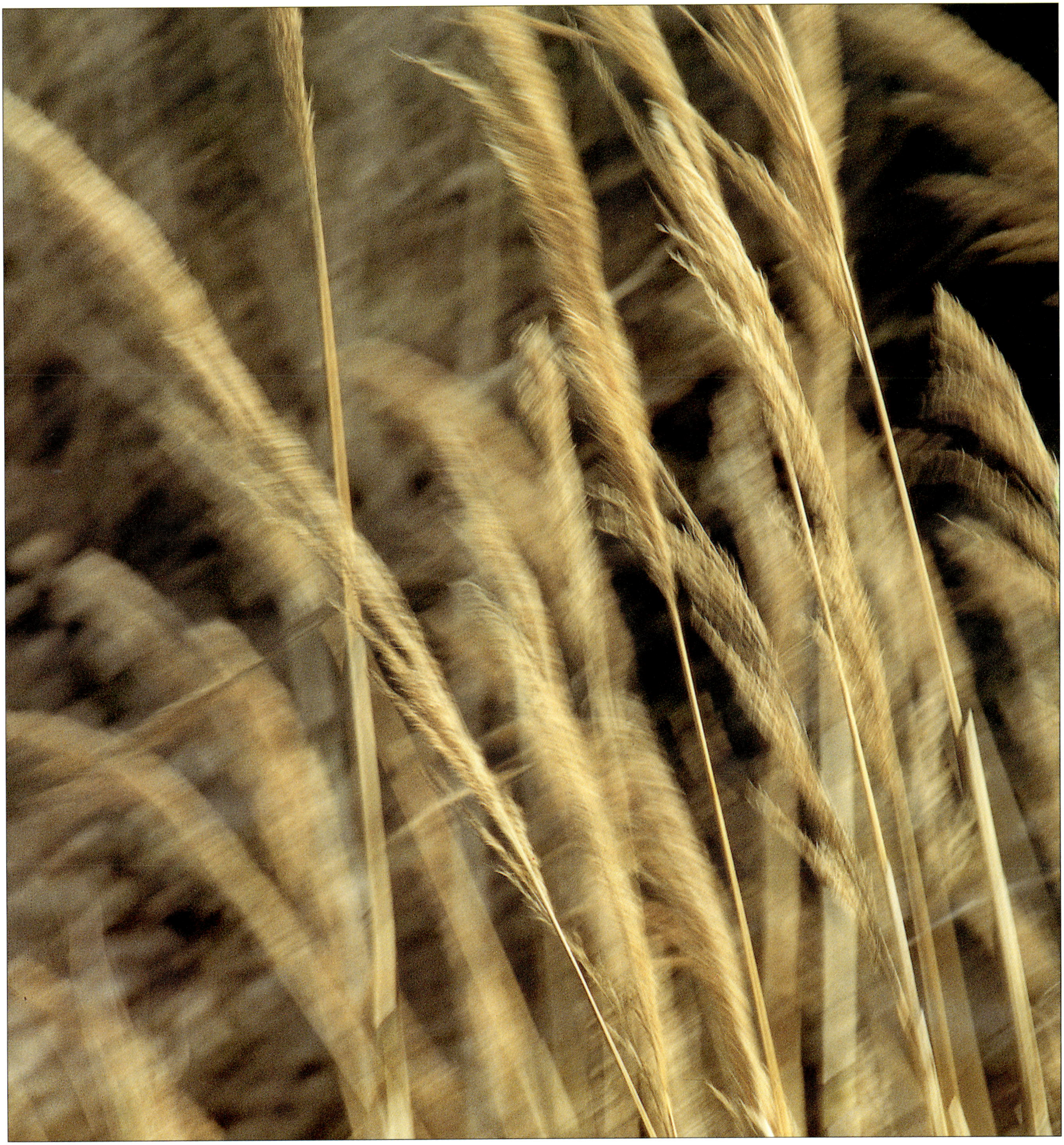

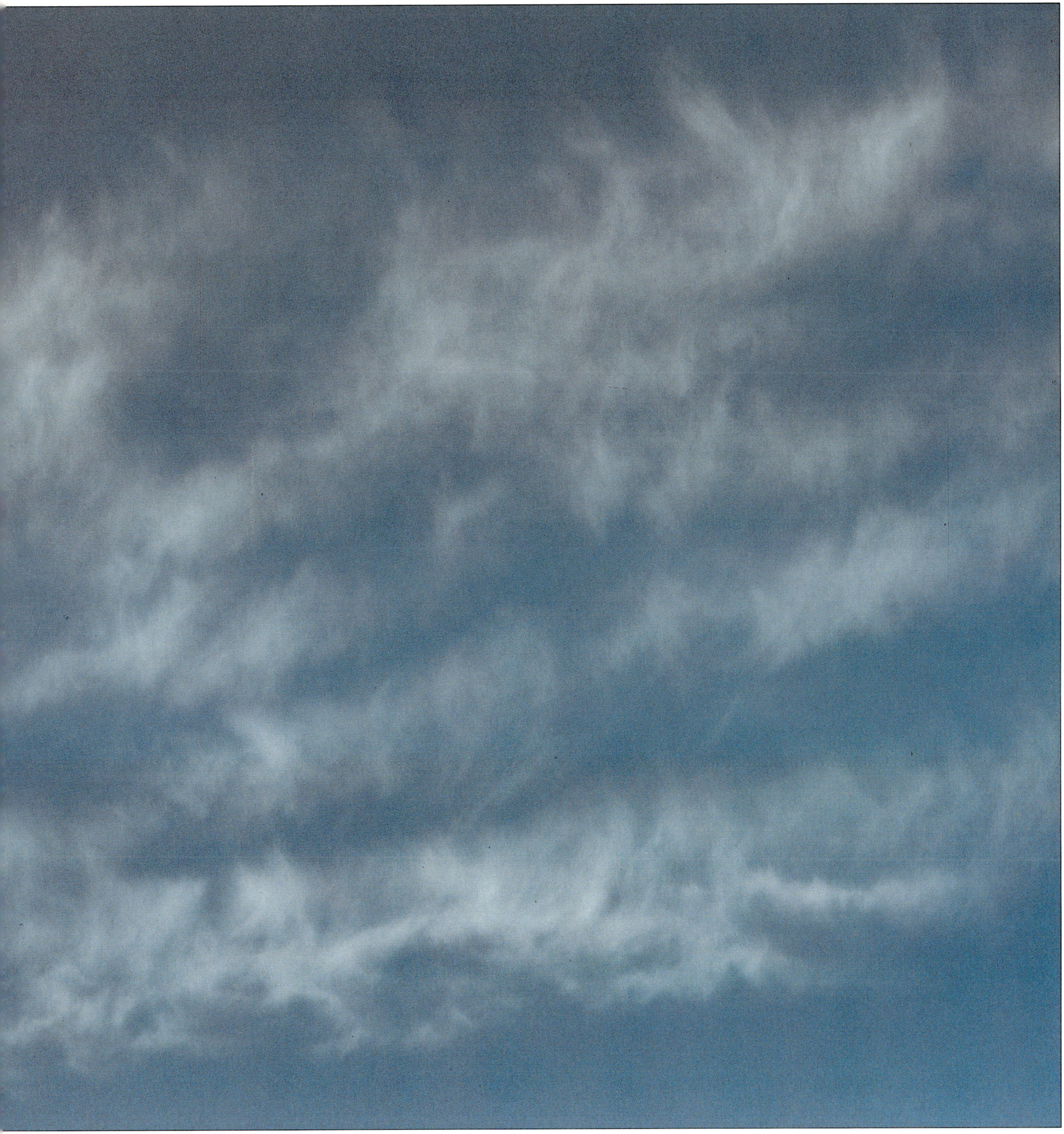

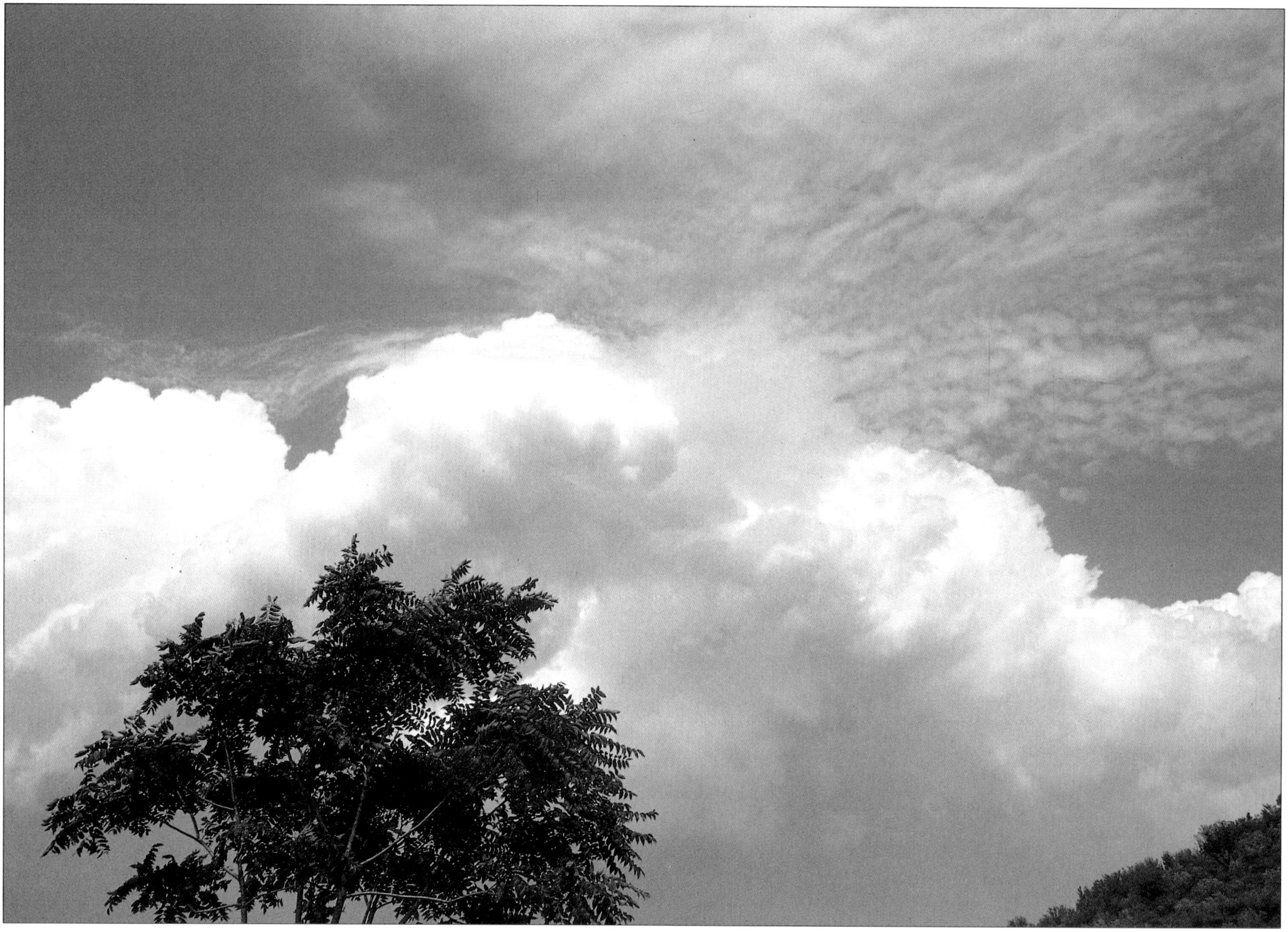

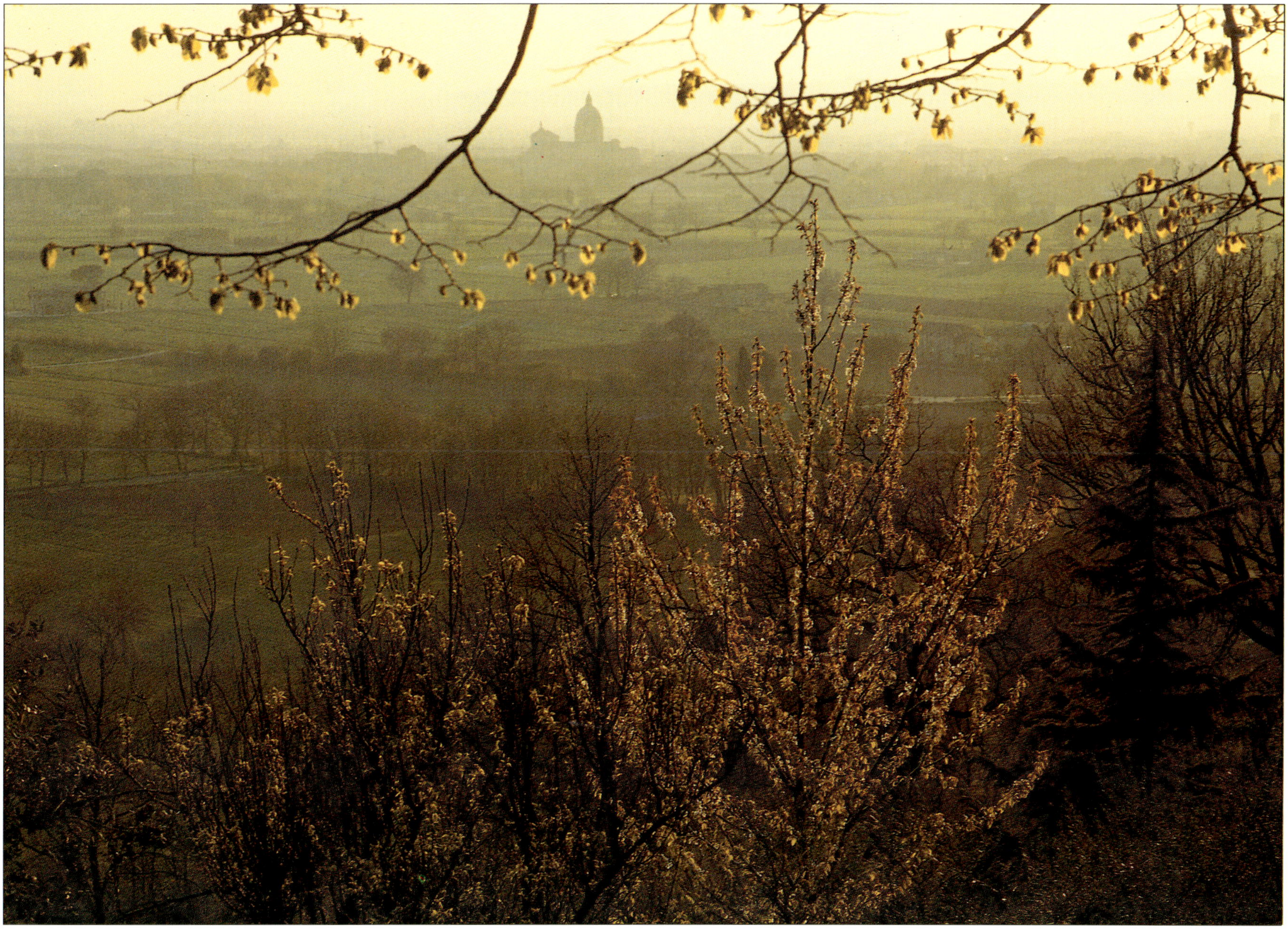

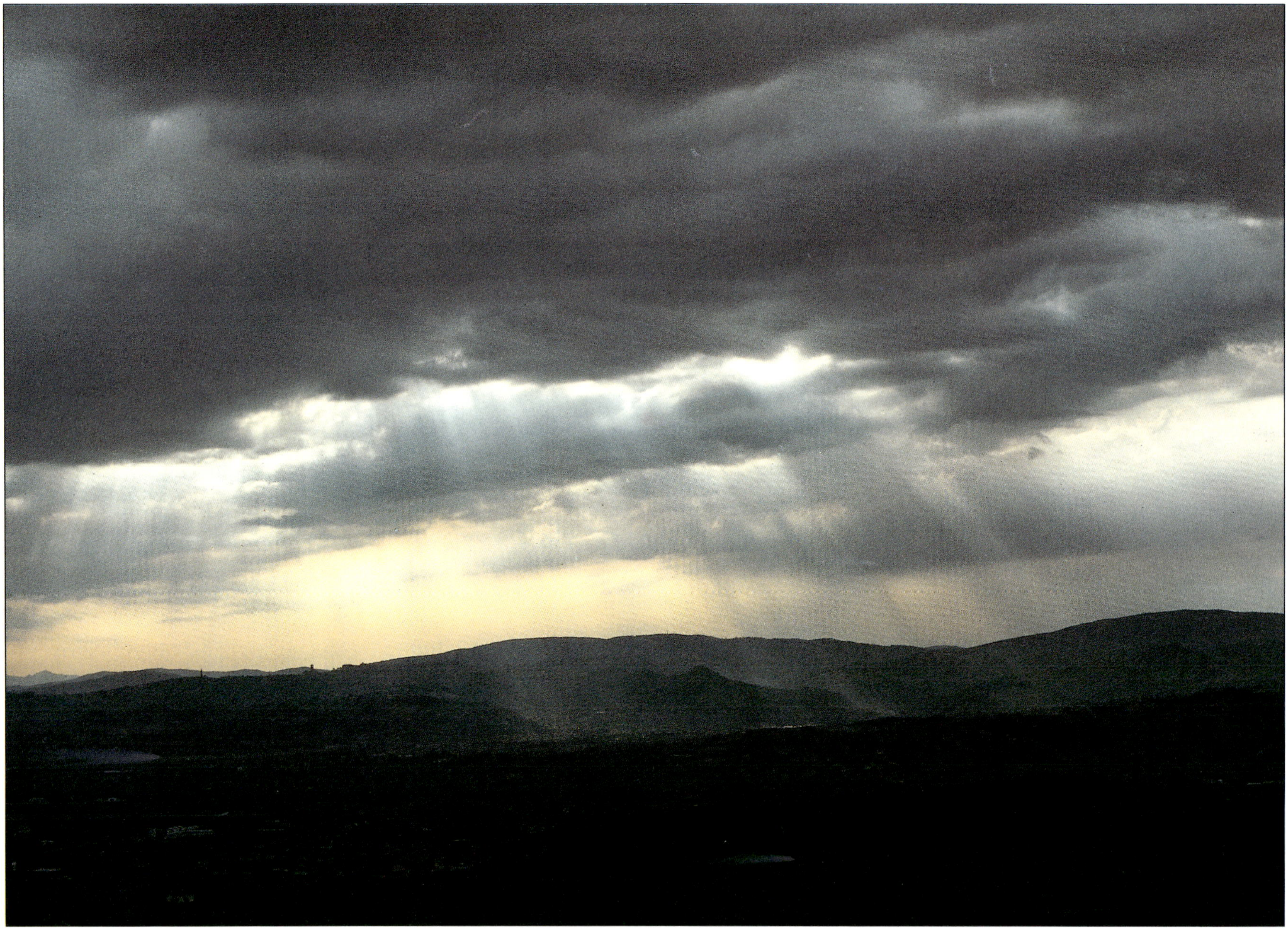

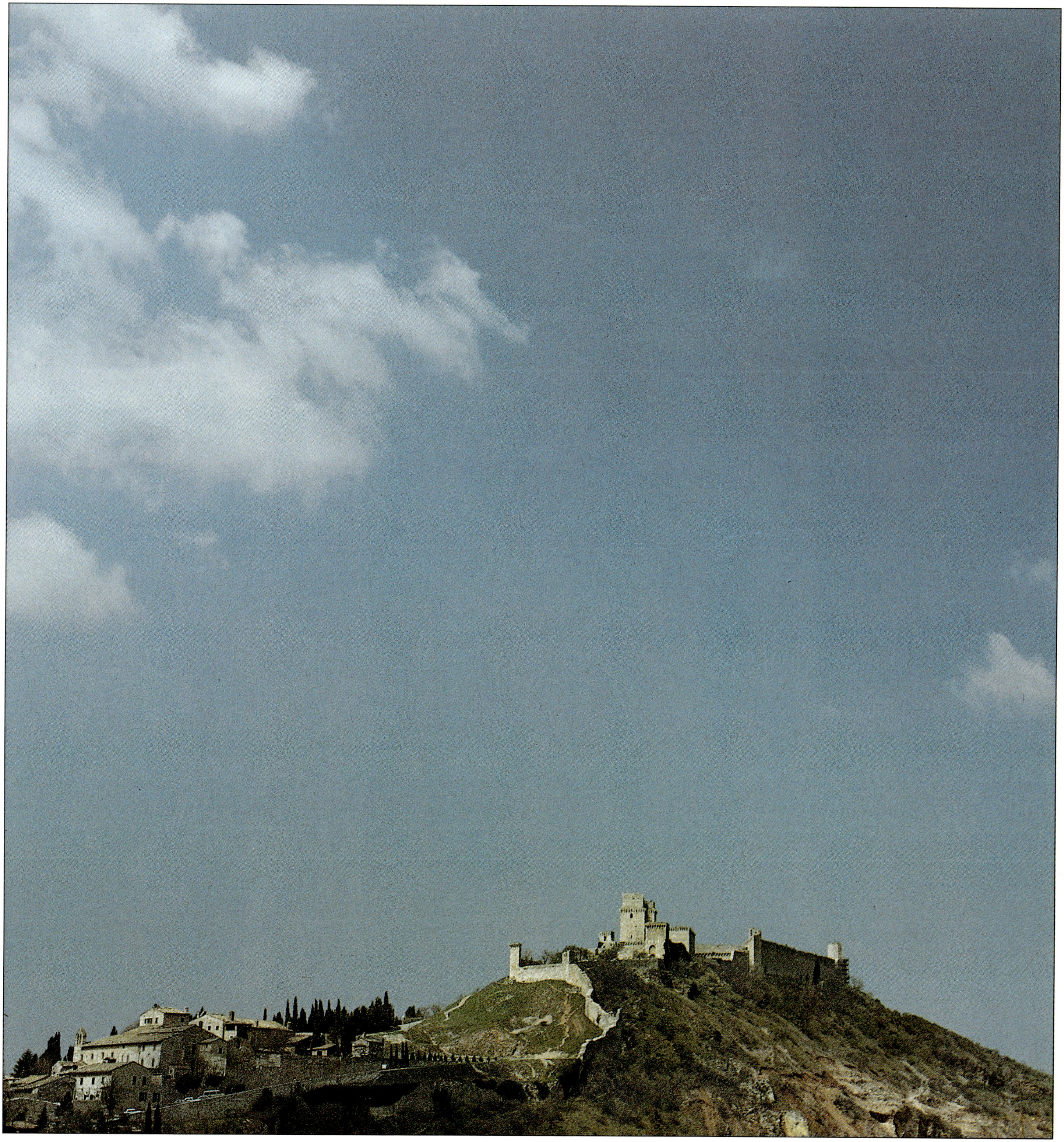

Lob sei dir mein Herr durch Schwester Wasser
Sehr nützlich ist sie demütig kostbar und rein

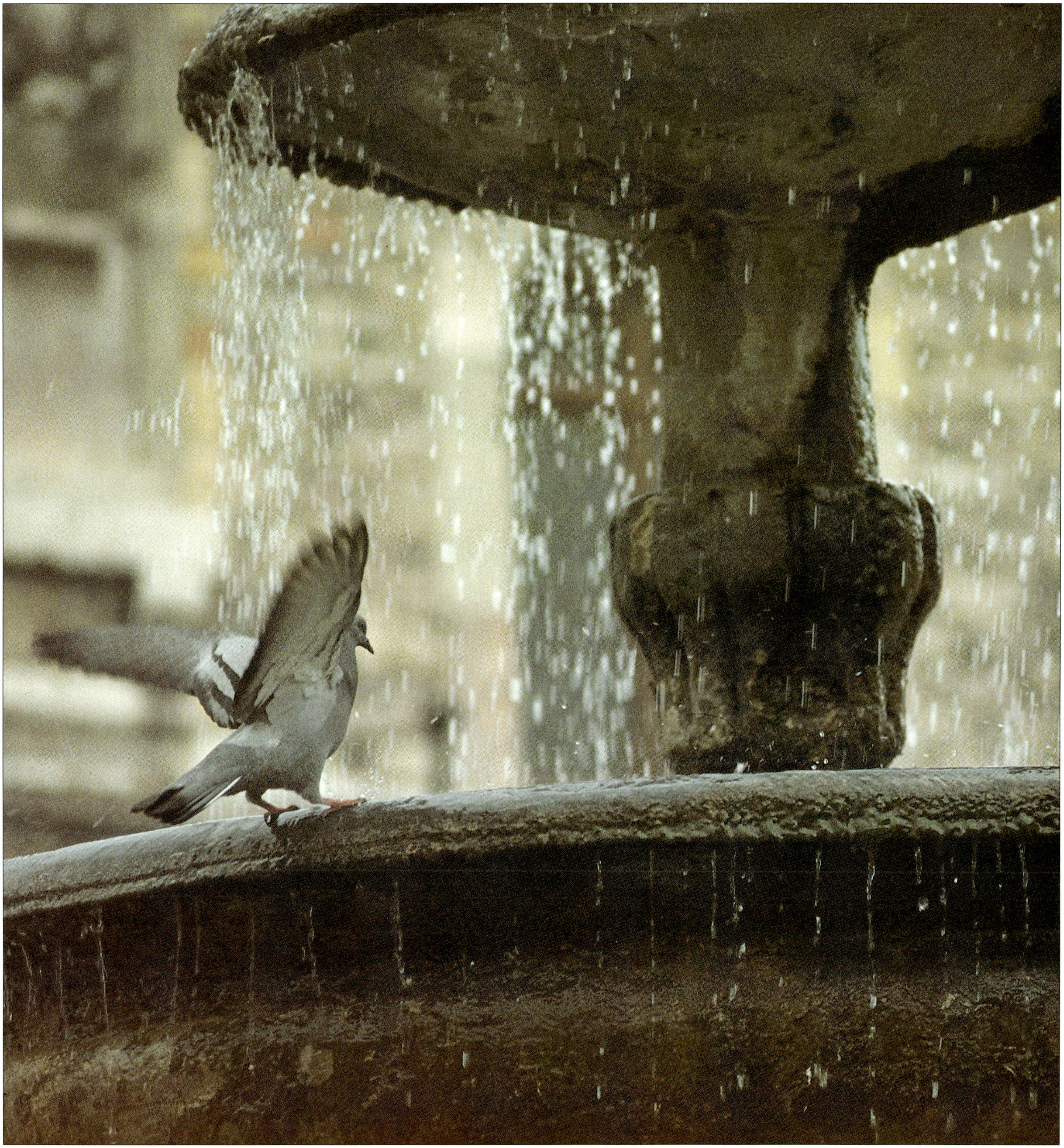

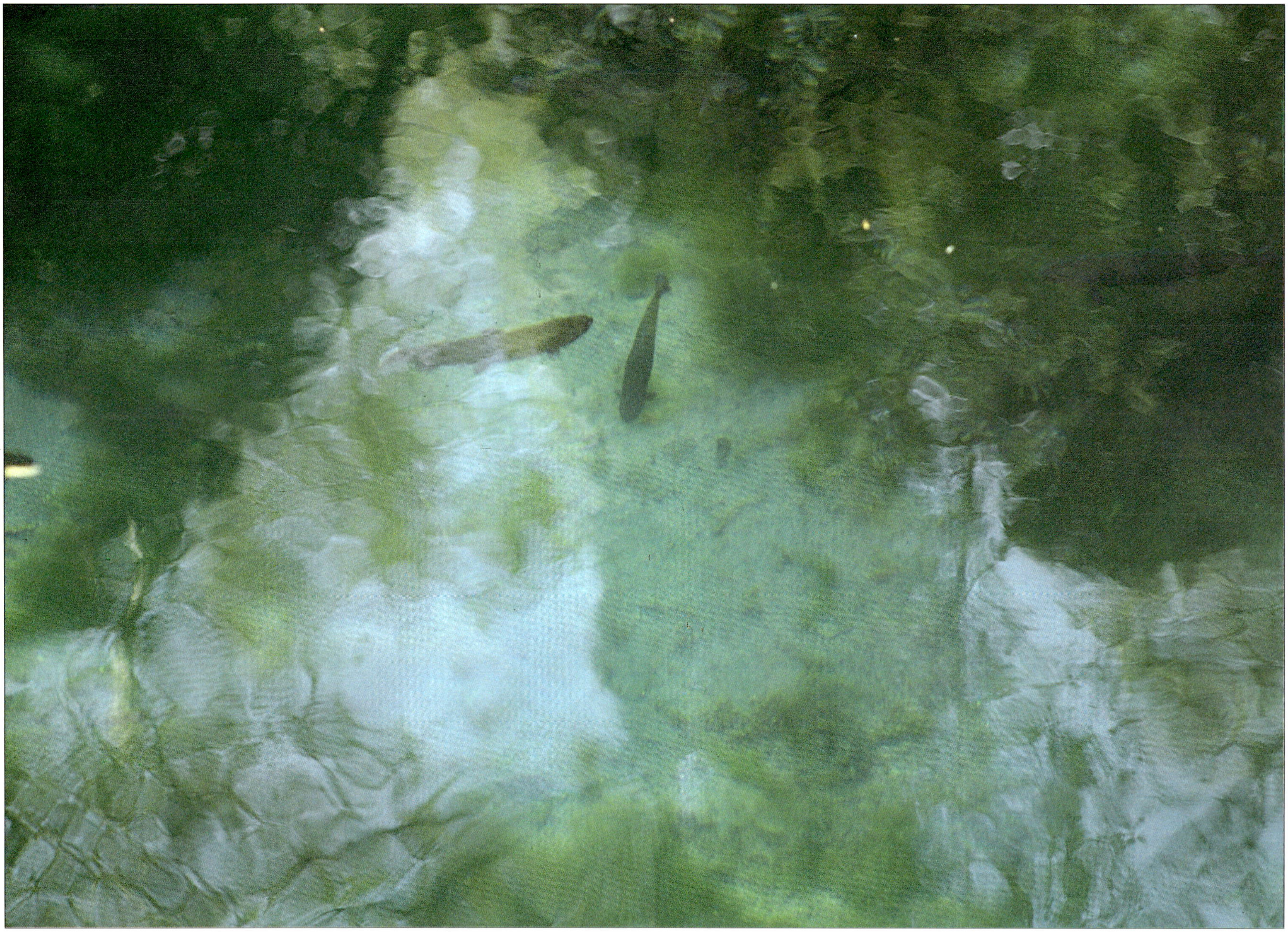

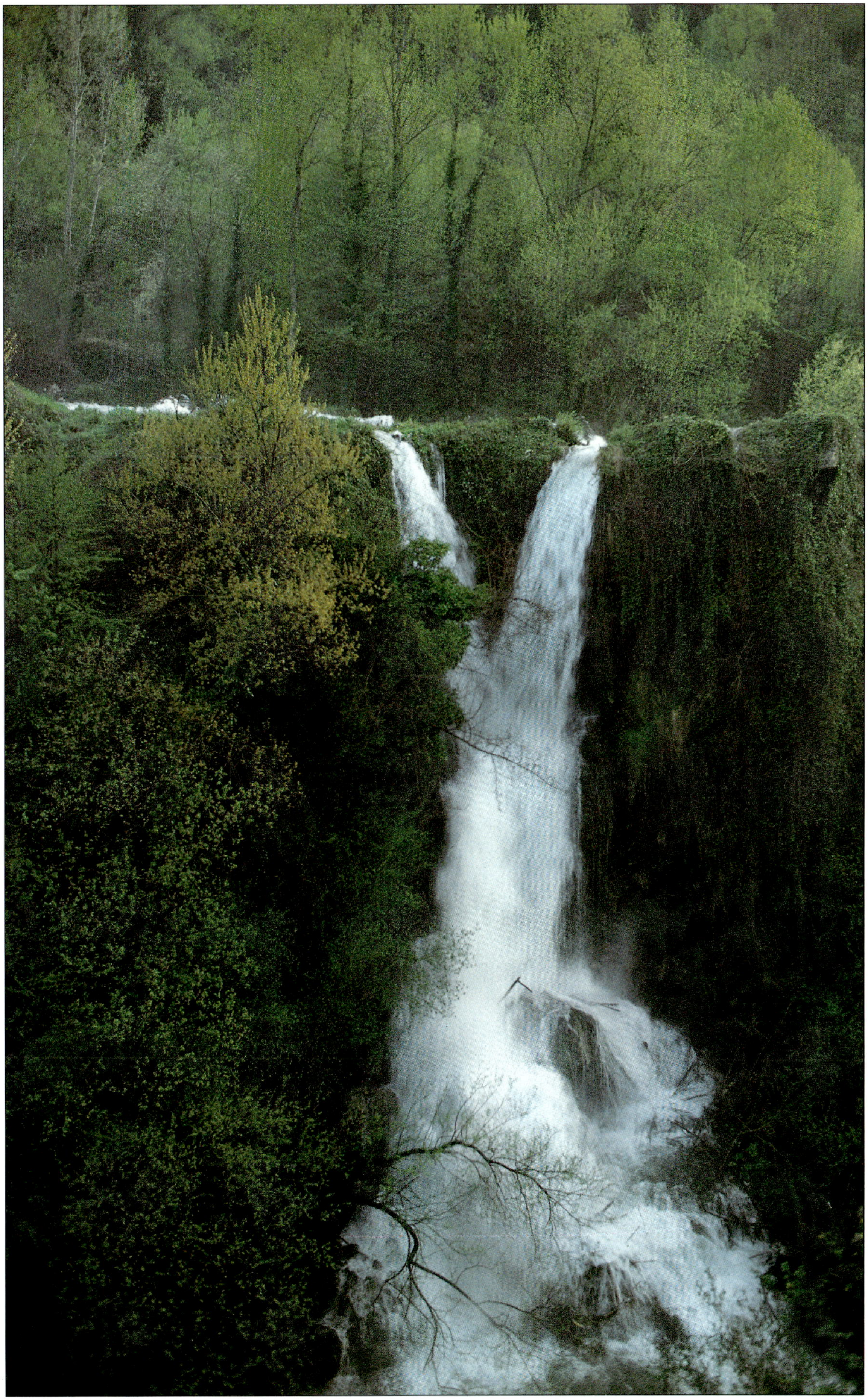

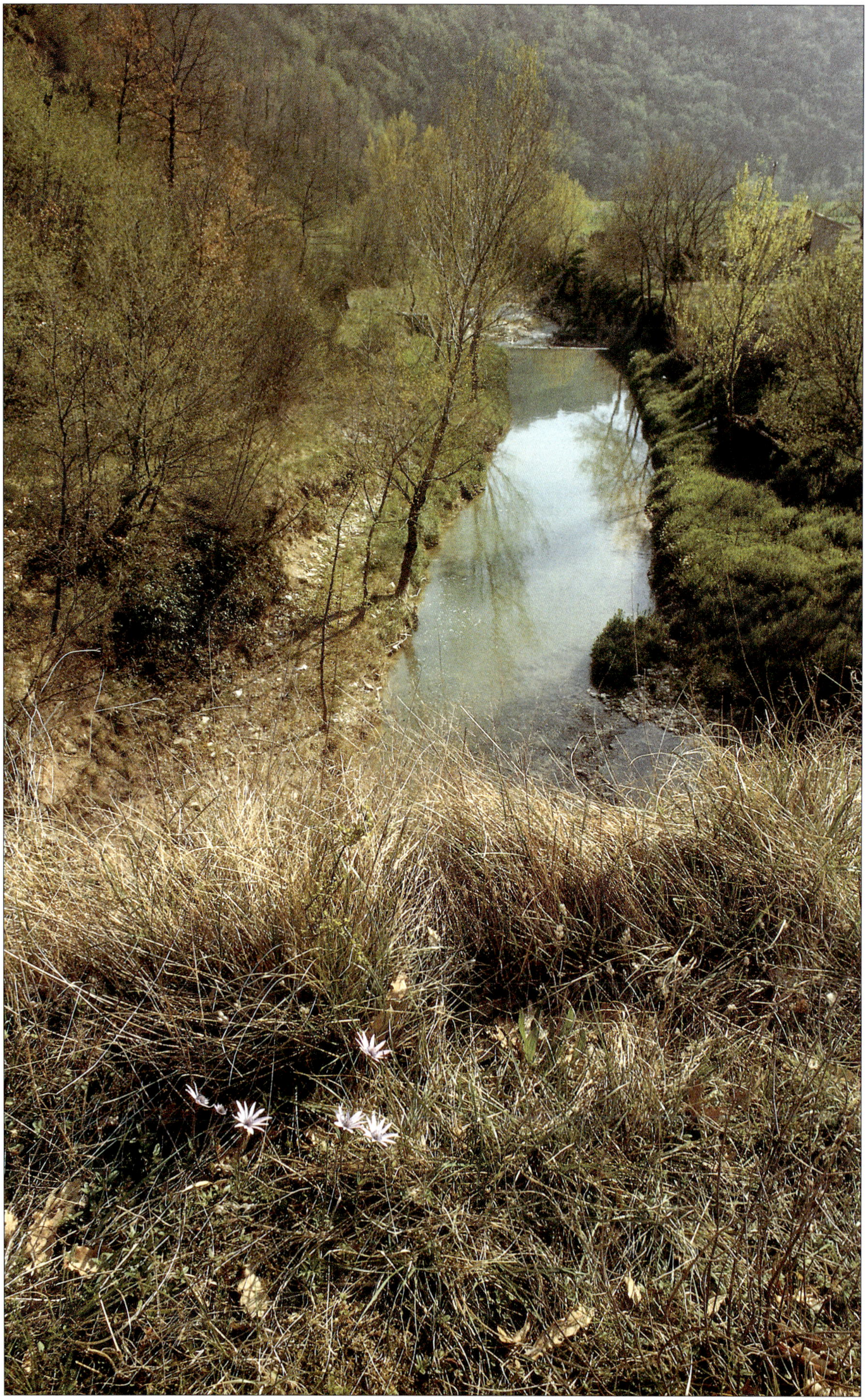

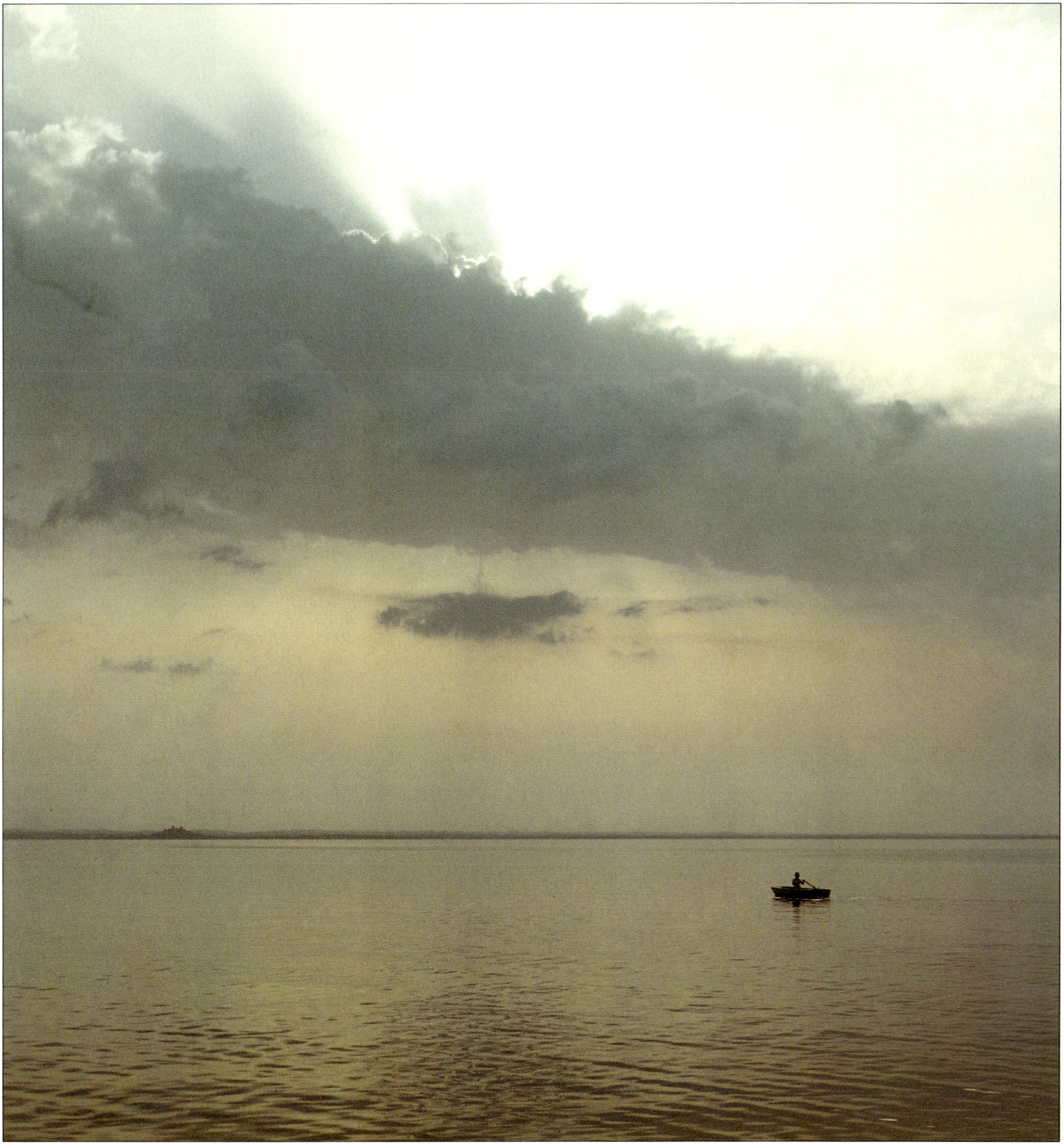

Lob sei dir mein Herr durch Bruder Feuer
Durch ihn ist die Nacht erhellt
Schön ist er fröhlich kraftvoll und stark

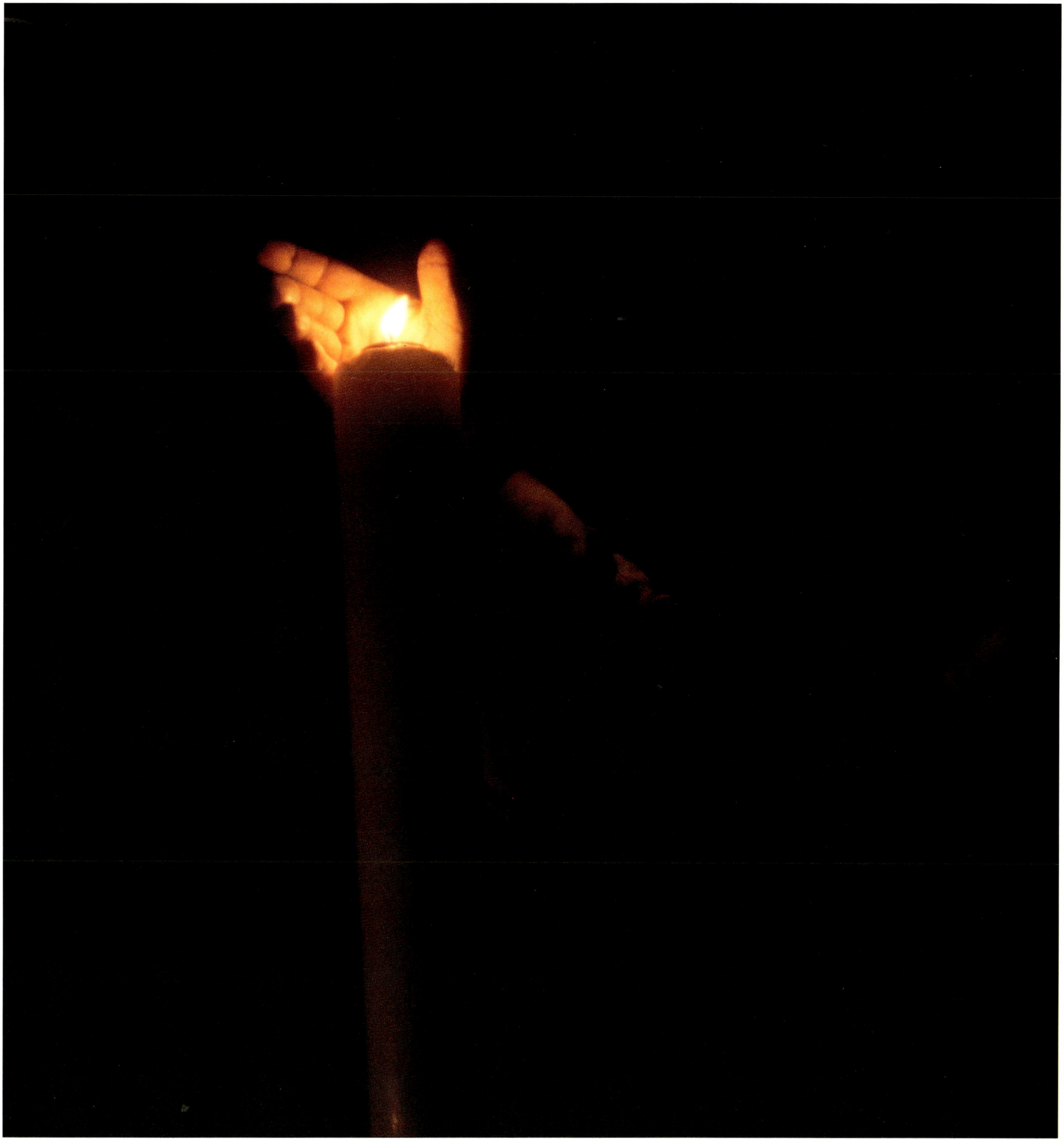

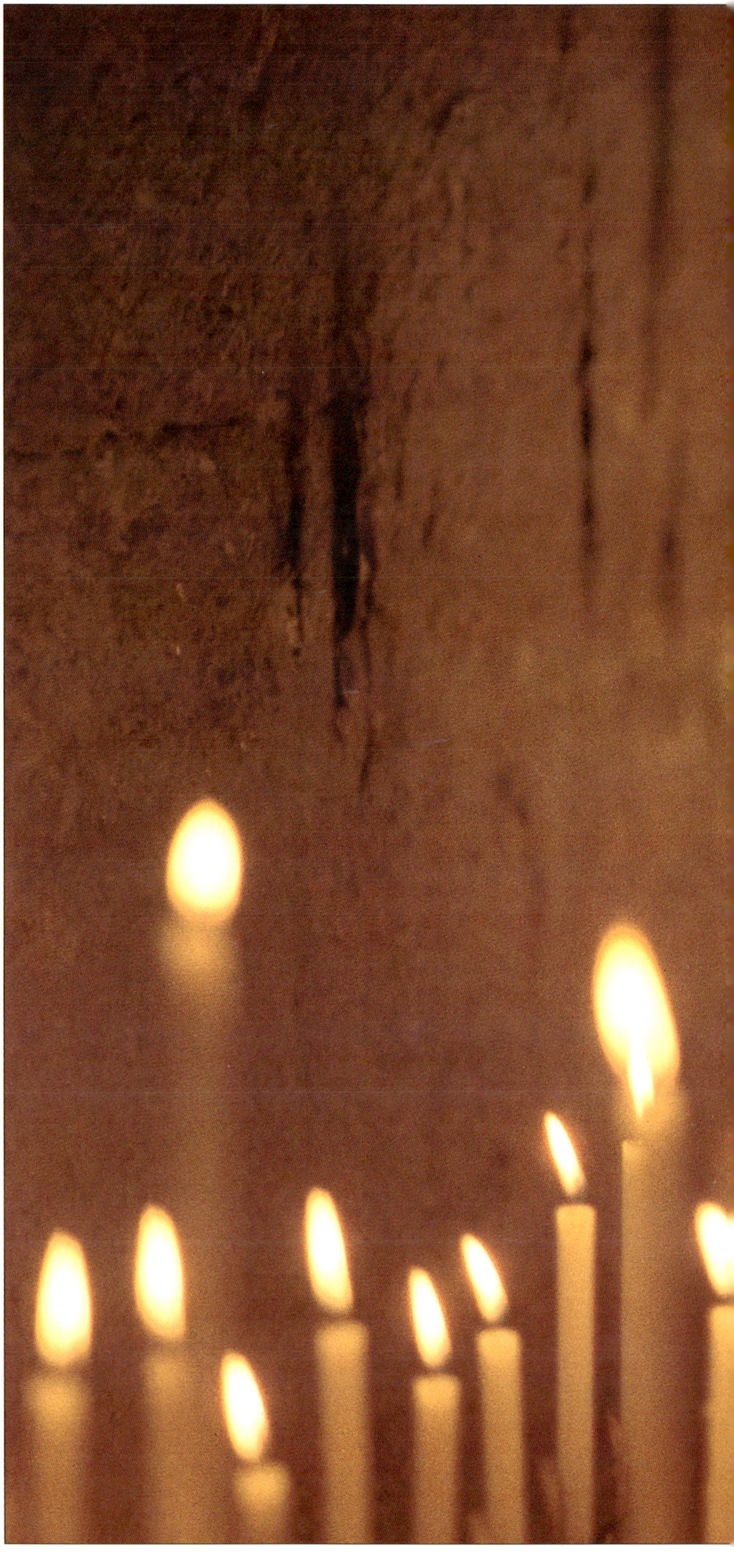

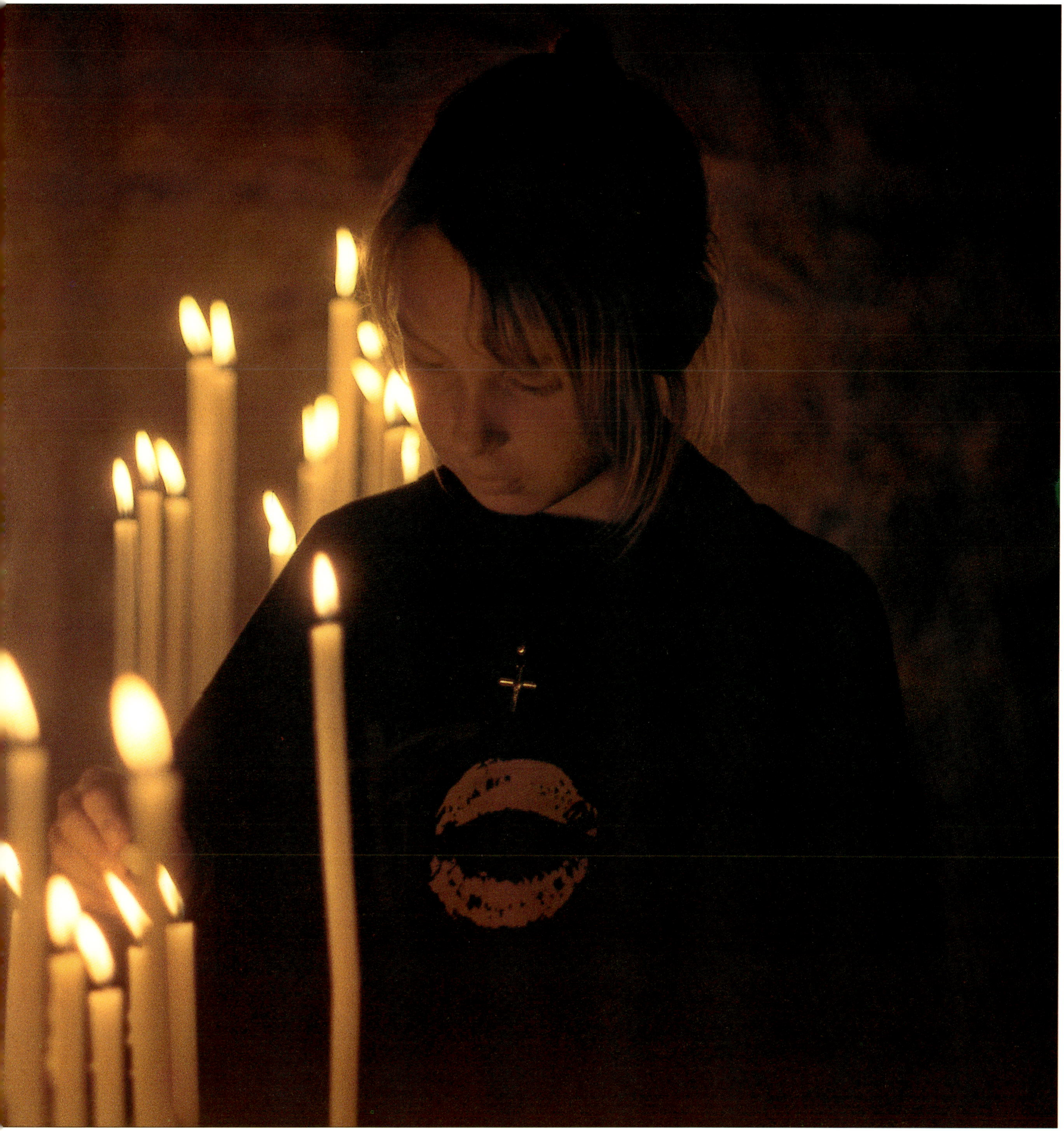

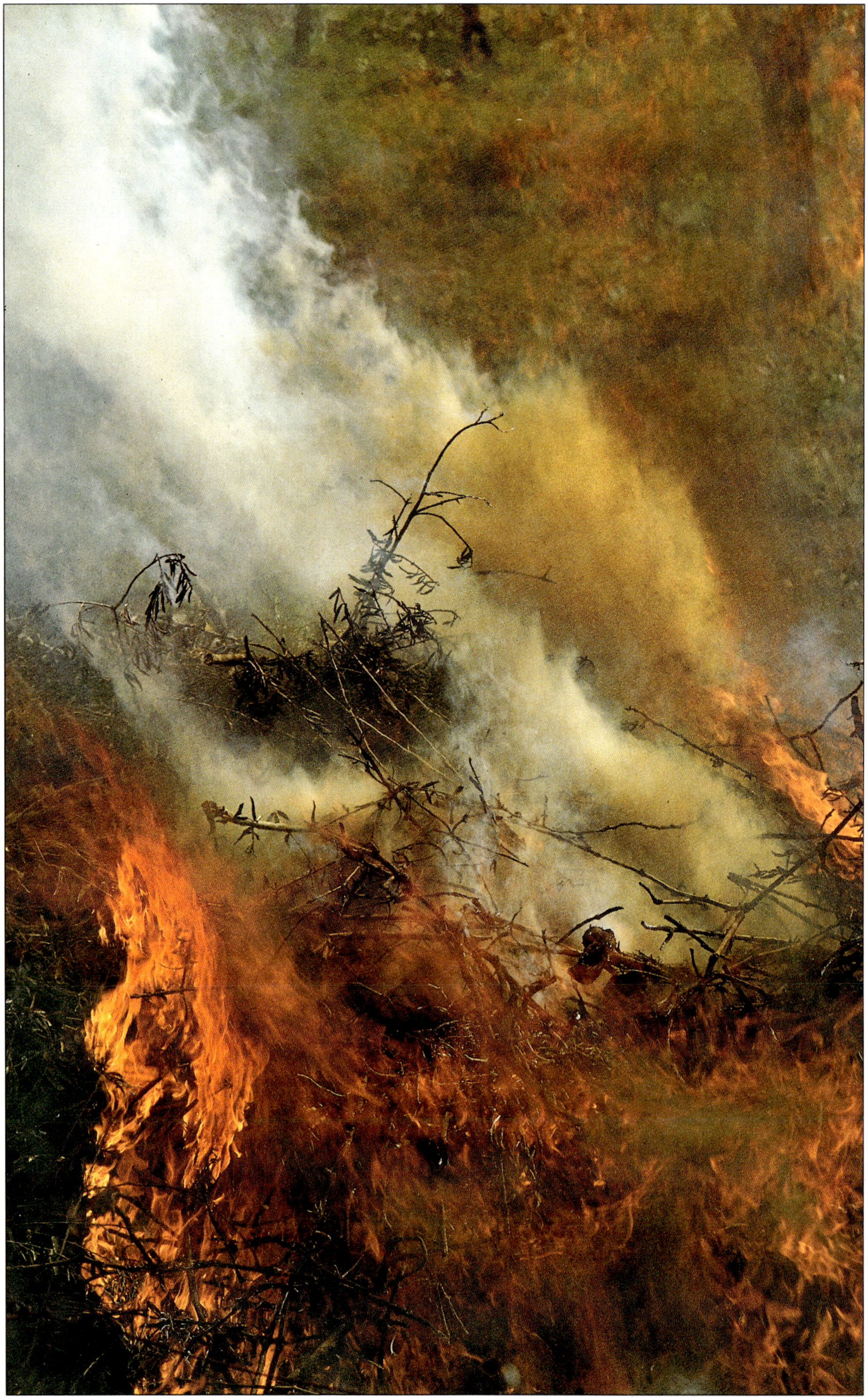

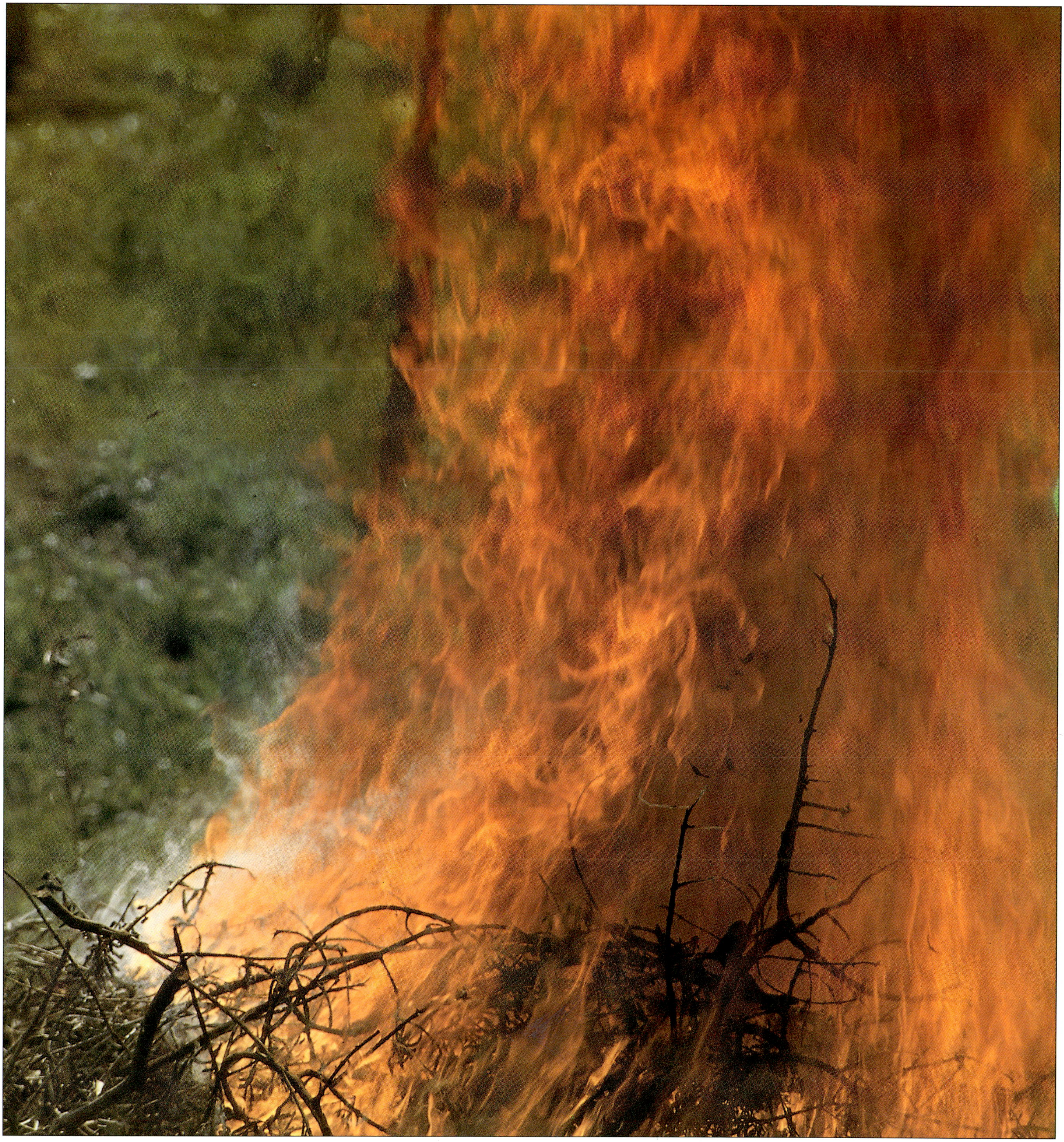

Lob sei dir mein Herr durch unsere Schwester
Mutter Erde
Sie belebt und lenkt uns
Sie erzeugt viel Früchte
farbige Blumen und Gräser

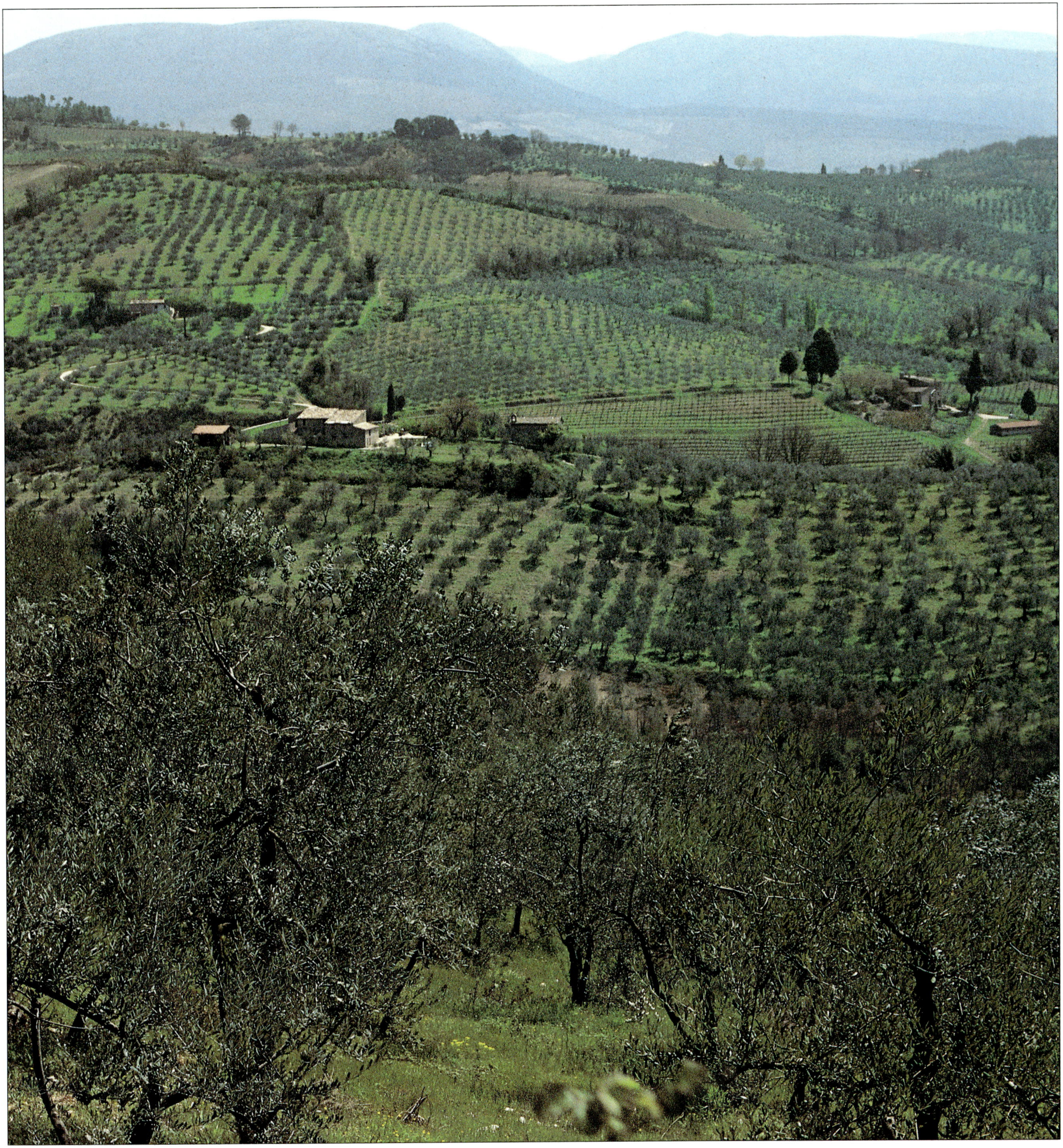

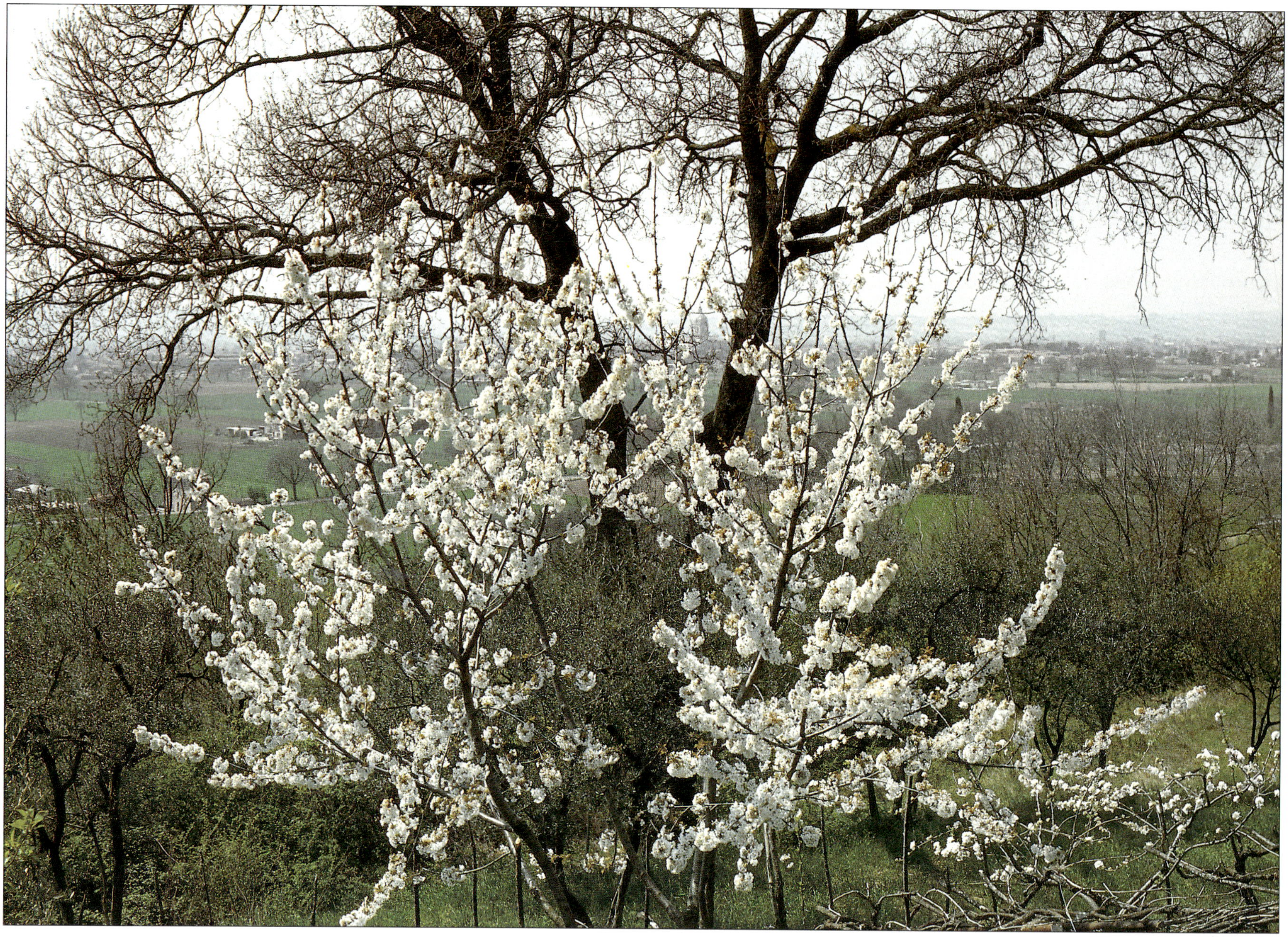

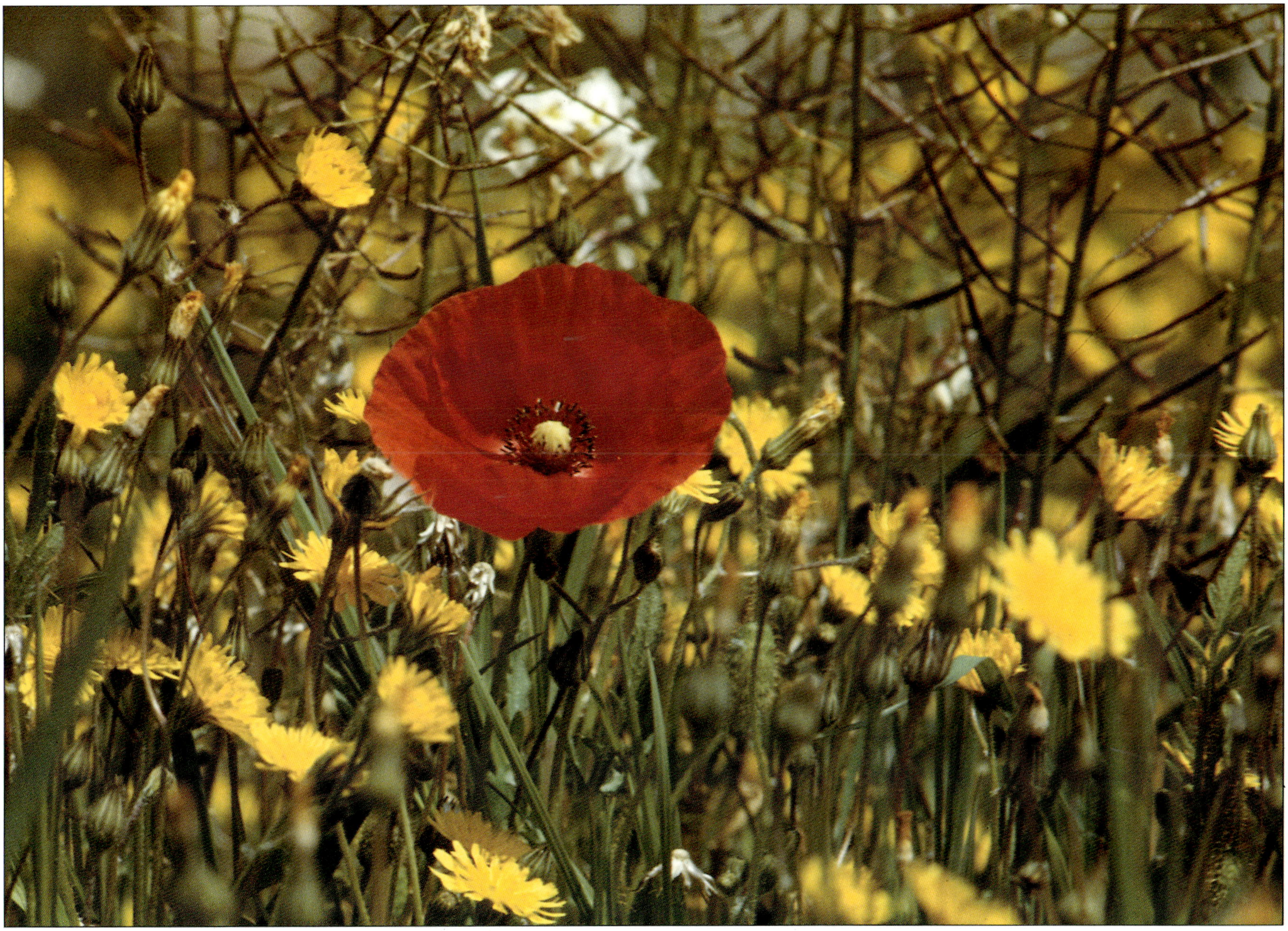

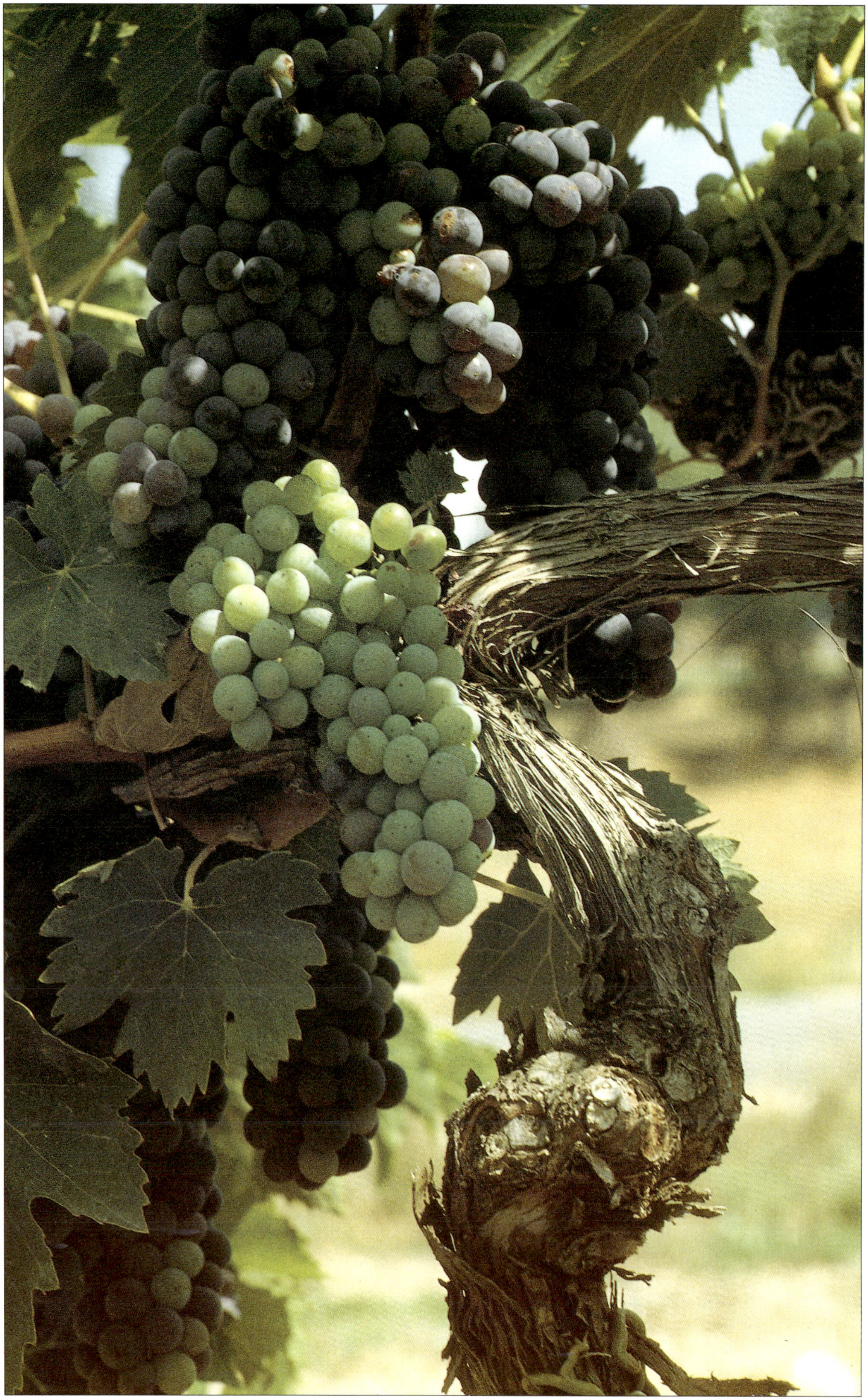

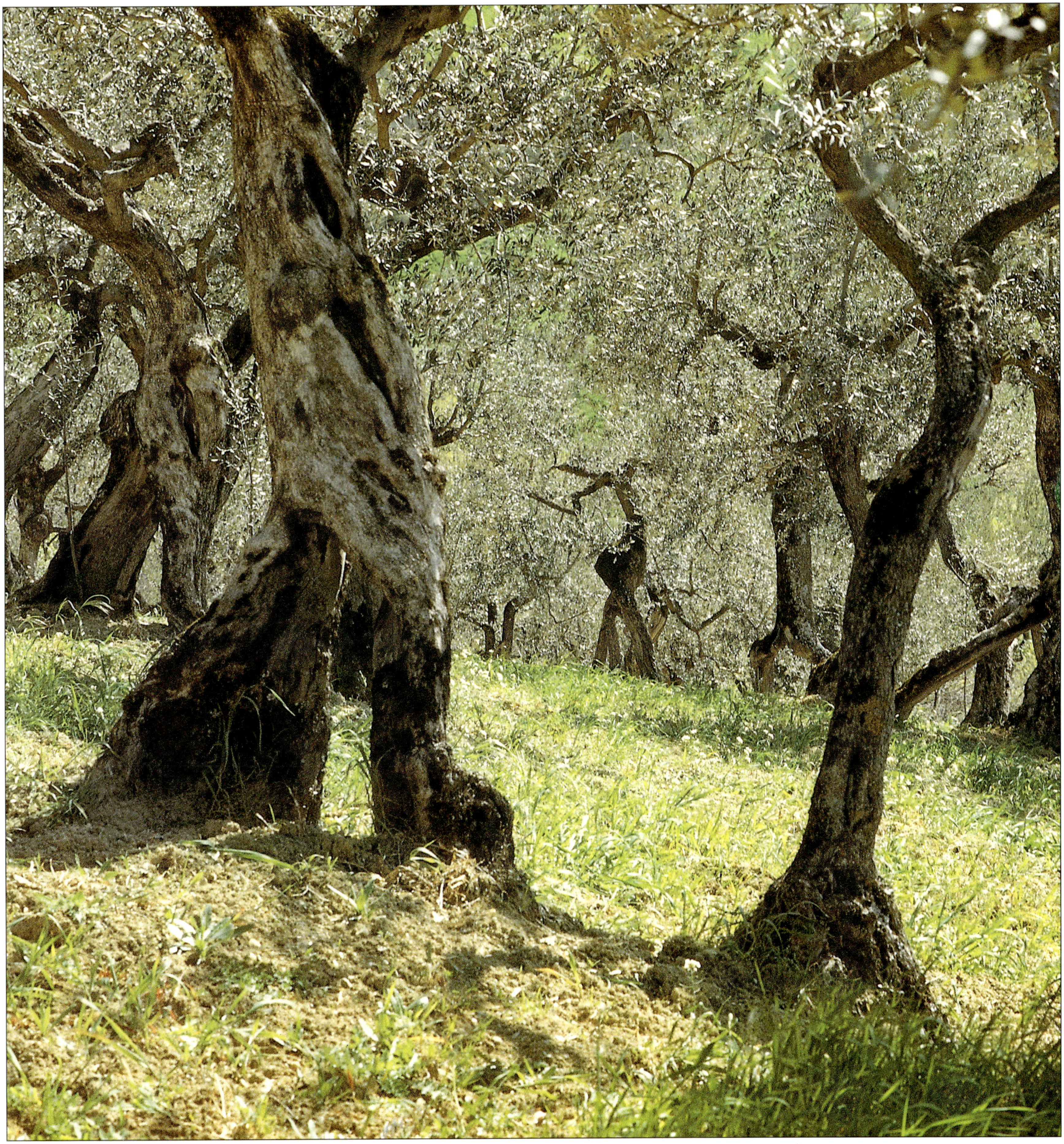

Lob sei dir mein Herr durch jene
die um deiner Liebe willen vergeben
und Schwachheit und Not ertragen
Selig die ausharren in Frieden
Du Höchster wirst sie krönen

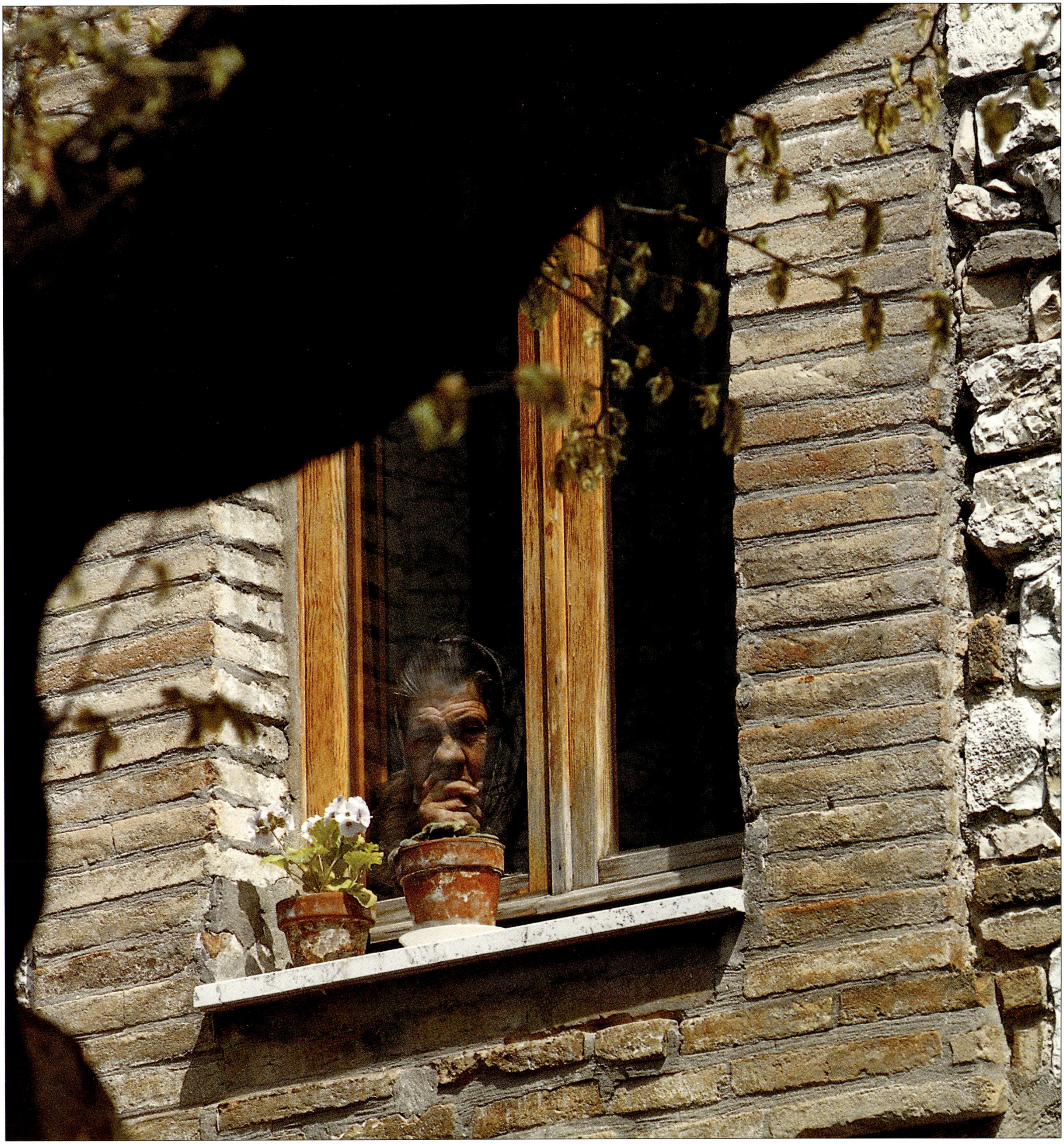

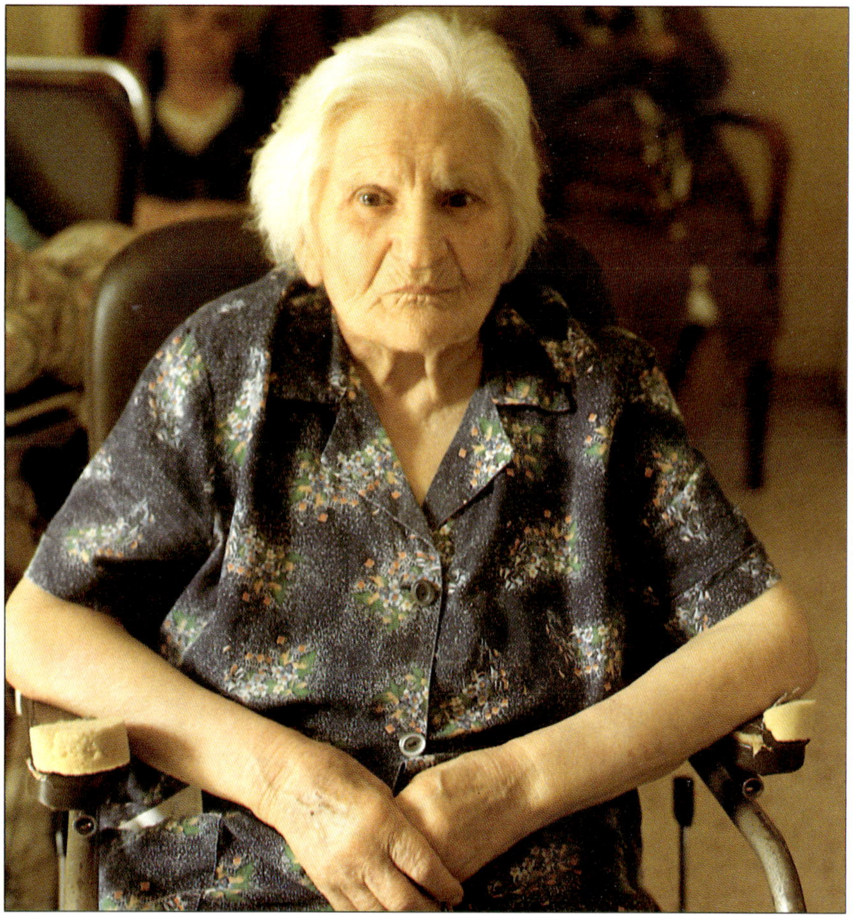
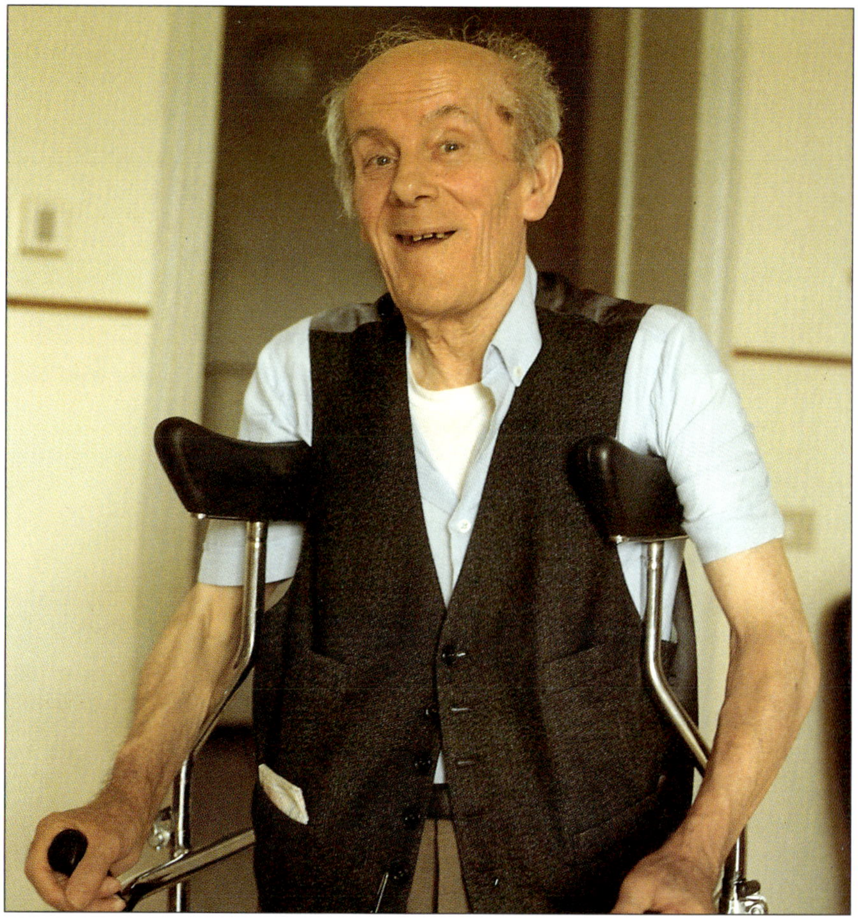
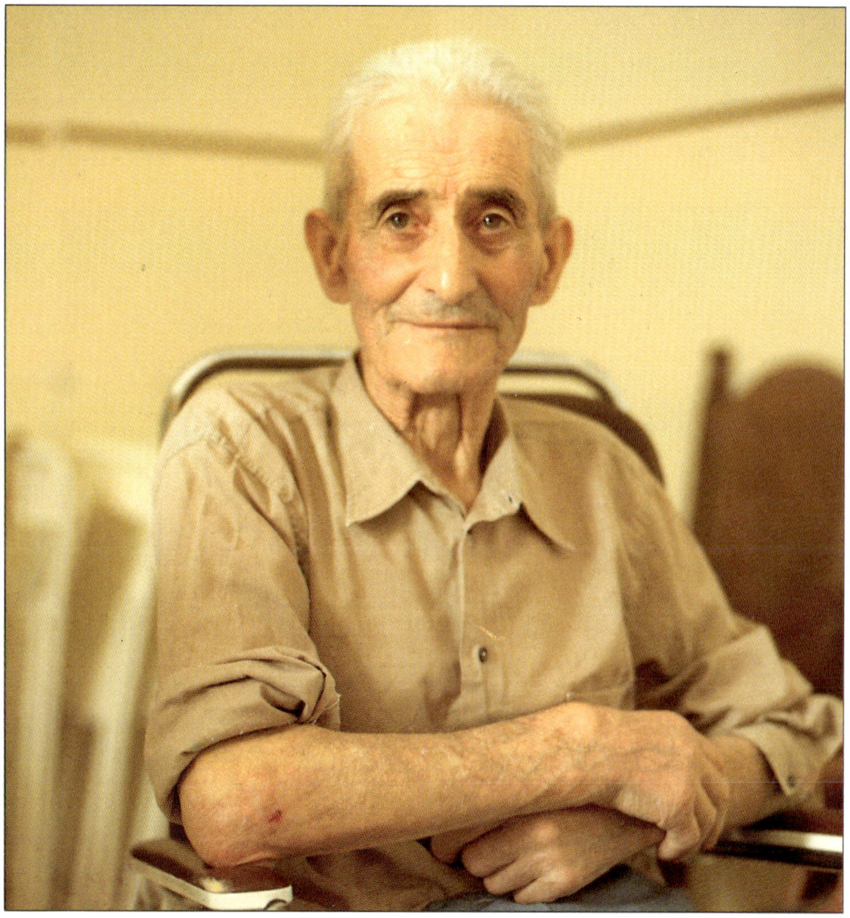
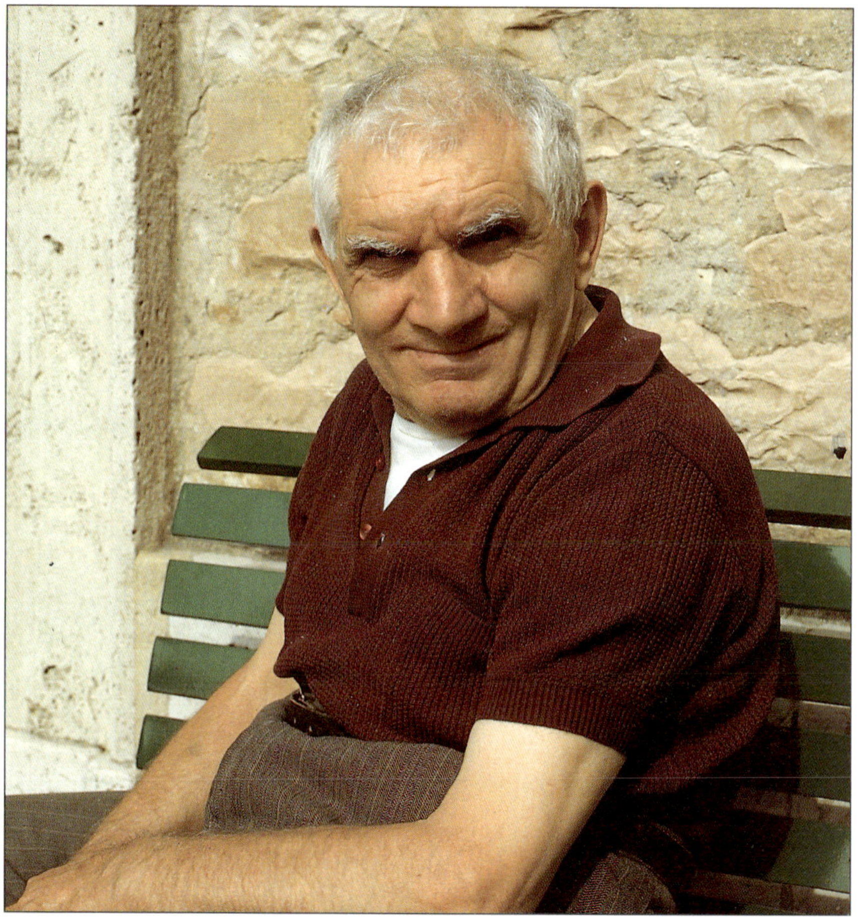

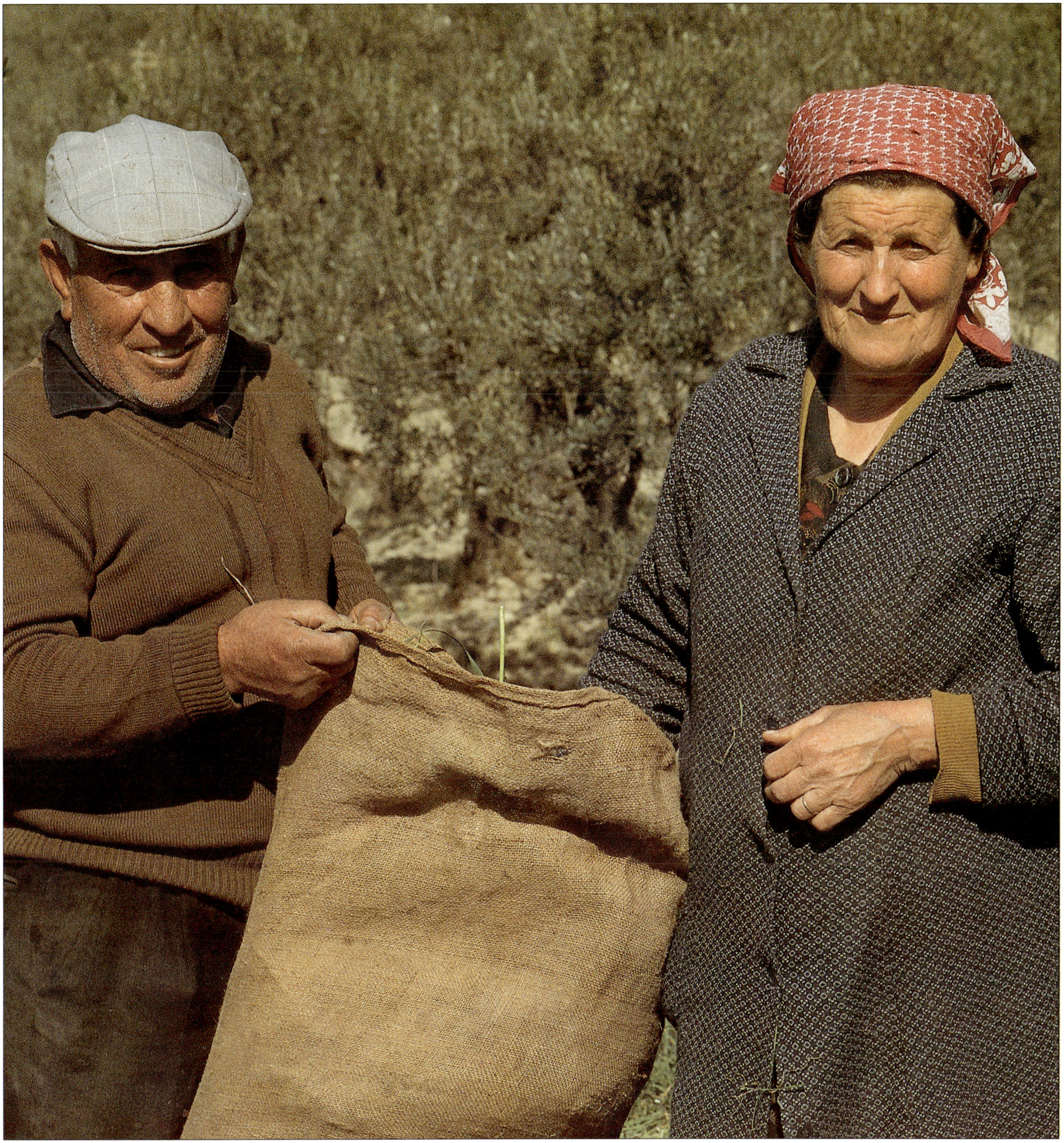

Lob sei dir mein Herr durch unsere Schwester
den leiblichen Tod
Kein lebendiger Mensch kann ihr entrinnen
Weh denen die in tödlicher Schuld sterben
Selig die sie findet in deinem heiligsten Willen
Der zweite Tod tut ihnen nichts Böses

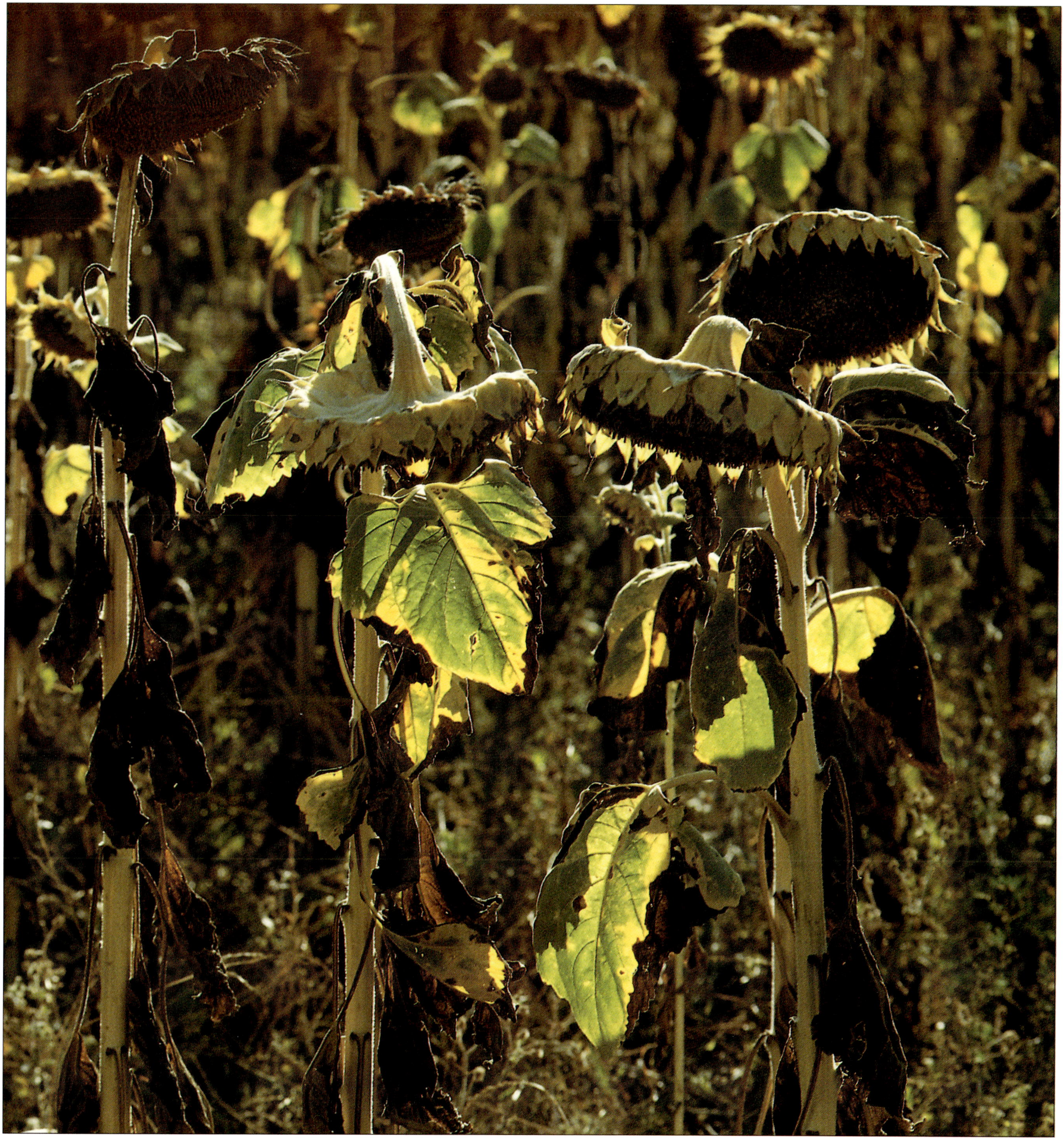

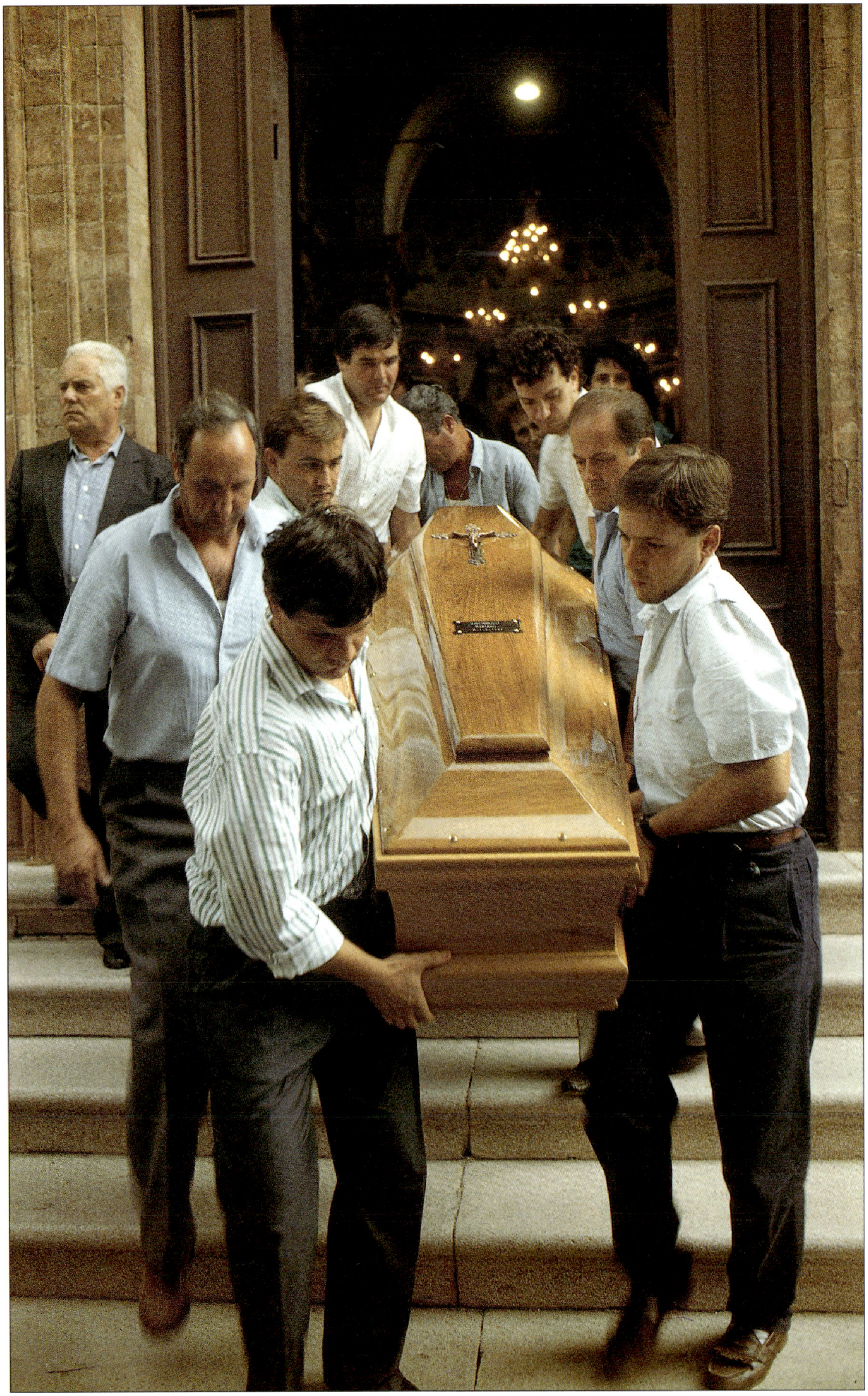

UI RIPOSANO LE OSSA
DI
RAFFAELE E BORIANI SANTA
GLIO ANGELO E AUGUSTA
POSERO
A RICORDO PERENNE
TTORE BARBETTA
9 8 1959
UIDA BER
VED TORR
NSA PIO

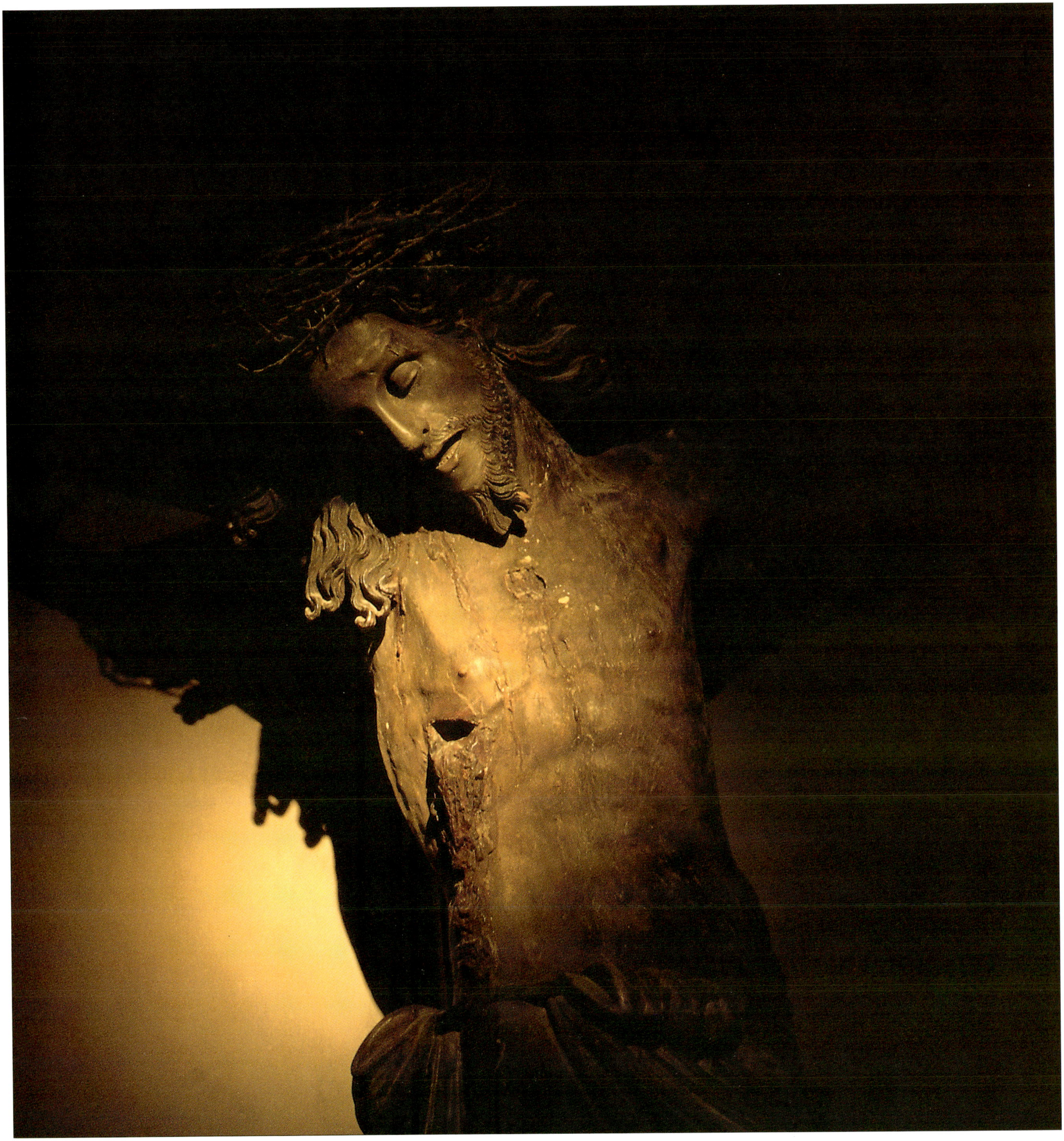

Lobt und segnet meinen Herrn
Dankt und dient ihm in großer Demut

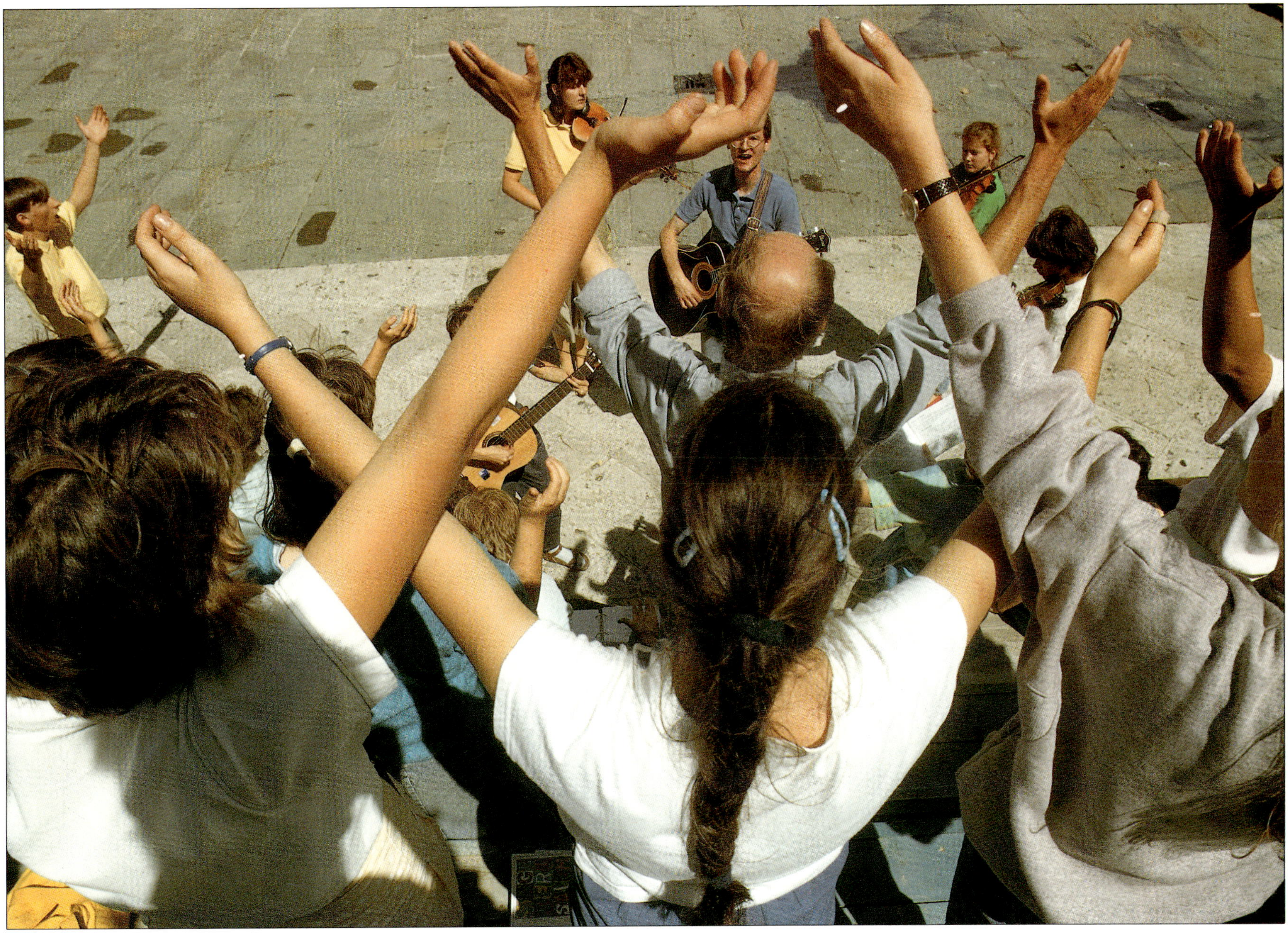

Quellennachweis

Sonnengesang: Übersetzt von Elisabeth Hug und Anton Rotzetter. Abdruck mit freundlicher Genehmigung des Walter-Verlages, Olten, aus: Franz von Assisi, Gotteserfahrung und Weg in die Welt, Olten 1984.

Die Schriften des heiligen Franziskus werden zitiert nach: Die Schriften des hl. Franziskus von Assisi. Herausgegeben von Lothar Hardick OFM und Engelbert Grau OFM (Franziskanische Quellenschriften, Band 1, TB-Ausgabe 1981, Werl/Westfalen).

Gesamtgestaltung: Heinz Handsur

Alle Rechte vorbehalten
© 1988 by Verlag St. Gabriel, Mödling — Wien
ISBN 3-85264-313-9
Gesamtherstellung: Missionsdruckerei St. Gabriel, Mödling